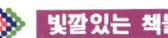 빛깔있는 책들 101-15

솟대

글/이필영 ●사진/송봉화

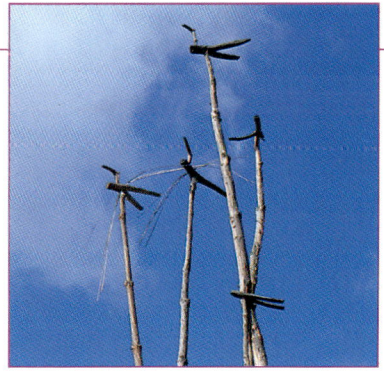

대원사

이필영 ────────────

연세대학교 사학과를 졸업하고 같은 학교 대학원에서 석사와 박사 학위를 취득하였다. 현재 한남대학교 사범대학 역사교육과 부교수로 재직하고 있다. 한국 고대 신앙 및 민간 신앙이 전공 분야로 논저「샤머니즘의 종교 사상」역서「시베리아의 샤머니즘」이 있고 논문으로 '북아시아 샤머니즘과 한국 무교의 비교 연구' '남창 손진태의 역사민속학의 성격' '단군신화의 기본구조' 등 여러 편이 있다.

송봉화 ────────────

충북 청원 출생으로 현재 건국대학교 교육대학원 국어교육과에 재학중이다. 한국 사진작가협회원, 한국 민속학회원이며, 프리랜서로 일하고 있다.

솟대

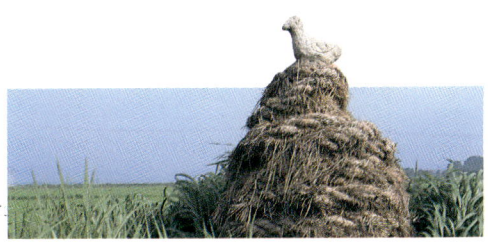

숫대

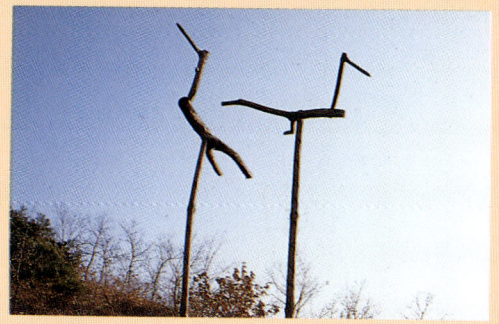

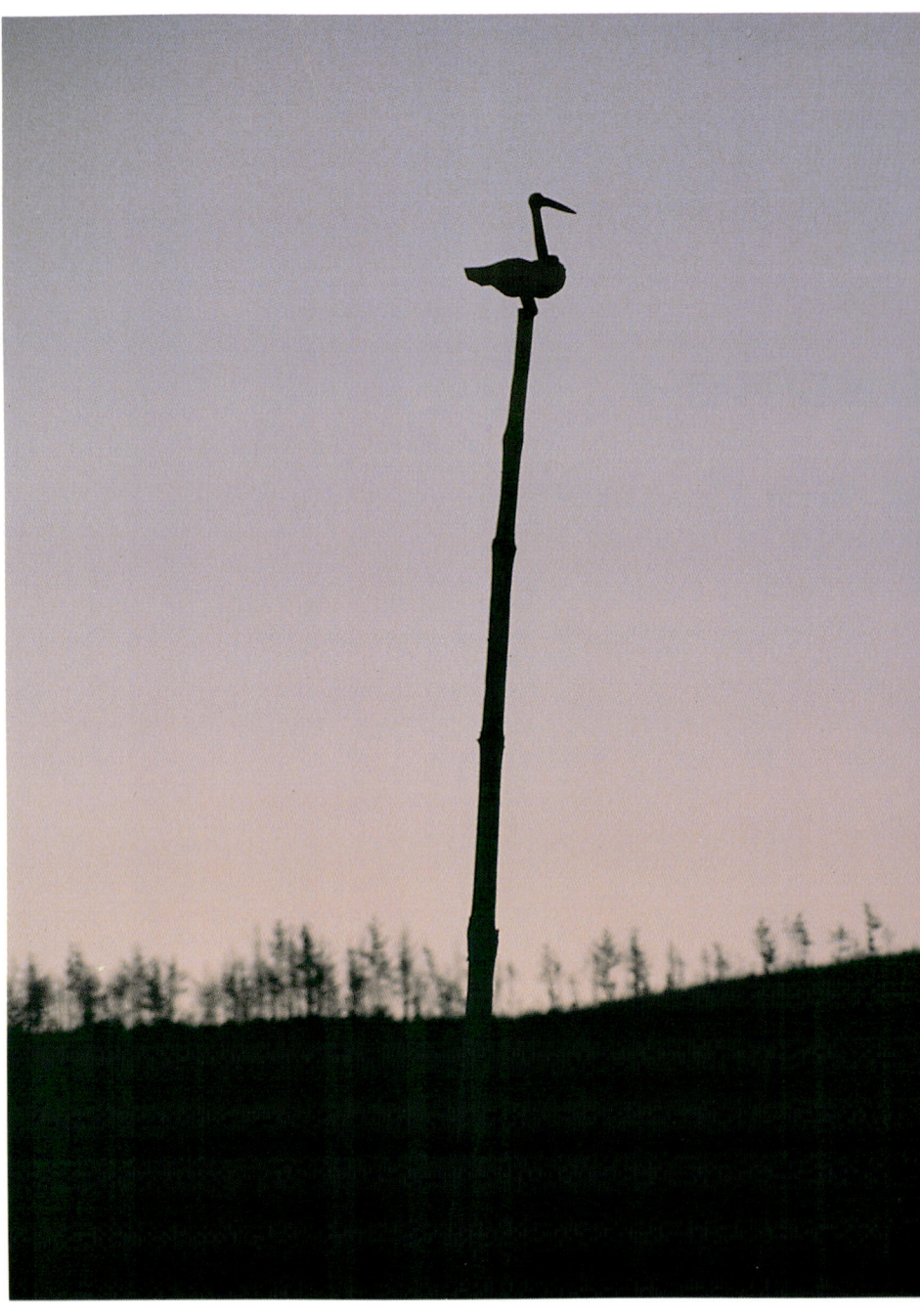

솟대란 무엇인가

솟대란 나무나 돌로 만든 새를 장대나 돌기둥 위에 앉힌 마을의 신앙 대상물을 일컫는다. 이러한 솟대를 마을 사람들은 음력 정월 대보름에 동제(洞祭) 모실 때에, 마을의 안녕과 수호 그리고 풍농을 위하여 마을 입구에 세운다. 솟대는 마을 입구에 홀로 세워지기도 하지만 대부분은 장승, 선돌, 탑(돌무더기), 신목(神木) 등과 함께 세워져 마을의 하당신(下堂神) 또는 상당신(上堂神)이나 주신(主神)으로 모셔진다.

솟대 위의 새는 대개 오리라고 불리우며 일부 지방에서는 까마귀라고도 부른다. 그 밖에 기러기, 갈매기, 따오기, 까치 등을 나타낸다고 생각되기도 한다.

지금은 솟대를 구성하는 두 요소 곧 장대와 새에 대하여 구체적이고 분명한 의미를 부여하는 마을은 거의 없어서, 원래의 의미가 많이 퇴색된 듯이 보인다. 그러나 솟대는 아마도 북아시아 샤머니즘의 문화권 안에서, 세계나무(World Tree)와 물새의 결합으로 이루어진 매우 오랜 역사성을 지니는 신앙 대상물로 생각된다.

이러한 솟대는 농경 마을을 사회 구성의 기초 단위로 했던 때부터

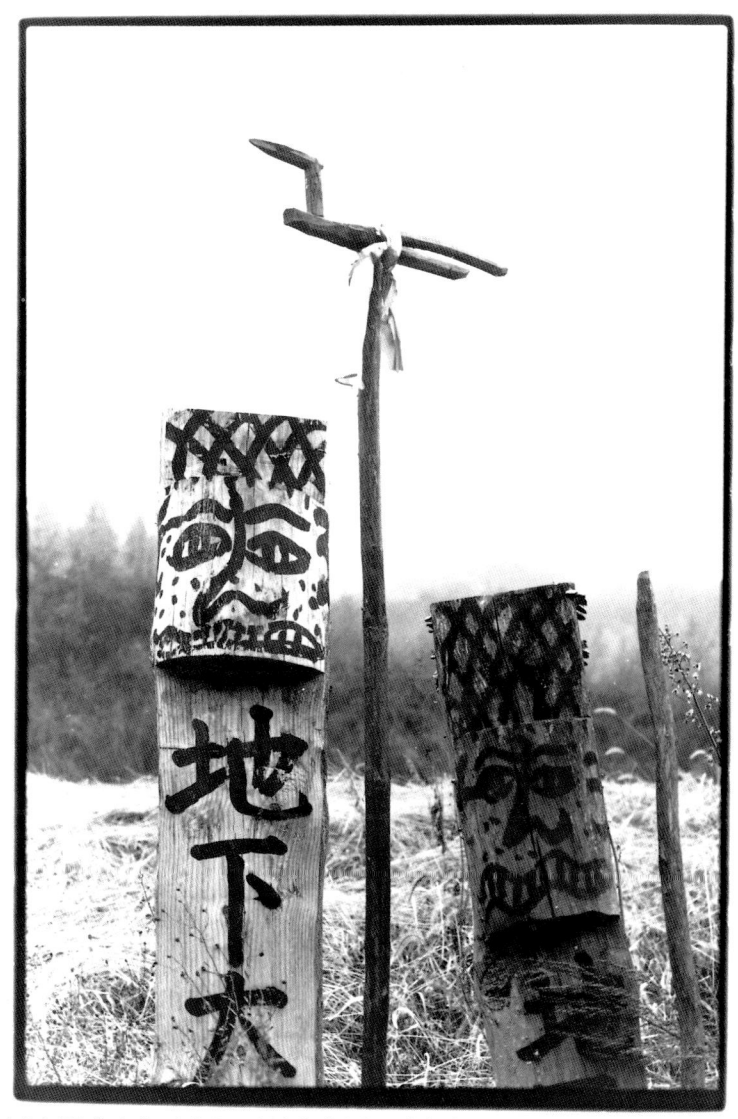

지하대장군과 솟대 새의 몸통에 헝겊 예단이 묶어져 있다. 경기도 광주군 퇴촌면 우산리 소재.

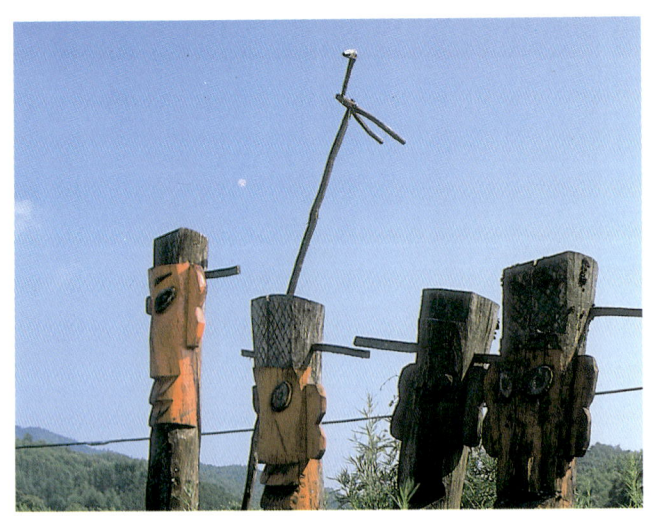

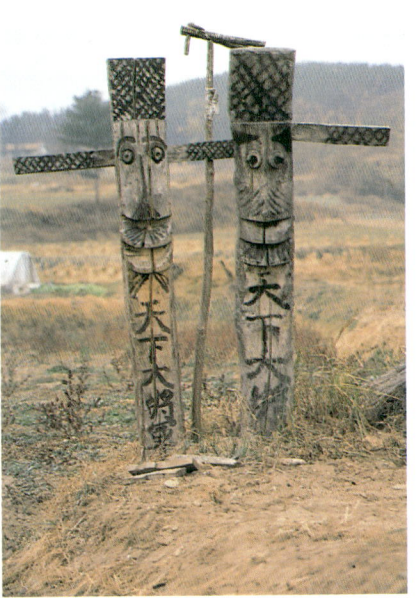

천하대장군과 솟대 솟대는 대부분 장 승, 선돌, 탑, 신목 등과 함께 세워 져 마을의 하당신이나 상당신, 주 신으로 모셔진다. 위는 경기도 광주 군 초월면 무갑리의 솟대이고 아 래는 경기도 광주군 초월면 서하리 소재의 솟대이다.

마을의 안녕과 수호를 맡고 농사의 성공을 보장하는 마을신의 하나로 성격을 굳혀 갔던 것으로 보인다. 그리고 이 솟대는 풍수지리 사상과 과거 급제에 의한 입신 양명(立身揚名)의 풍조가 널리 퍼짐에 따라서 행주형 지세(行舟形地勢)에 돛대로서 세우는 짐대와 급제를 기념하기 위한 화주대(華柱臺)로 분화 발전되어 갔던 것 같다.

물론 우리나라에는 솟대말고도 여러 신앙상의 목적으로 높은 장대를 세우는 이른바 입간(立竿) 민속이 있었다. 곧 서낭대, 영동대, 볏가리대 등이 있지만 솟대와는 그 신앙 형태와 역할이 다르다. 우선 솟대는 마을의 항시(恒時)적인 신간(神竿)으로서 마을 사람들의 신앙 생활과 긴밀하고 지속적인 관계를 유지하며, 비록

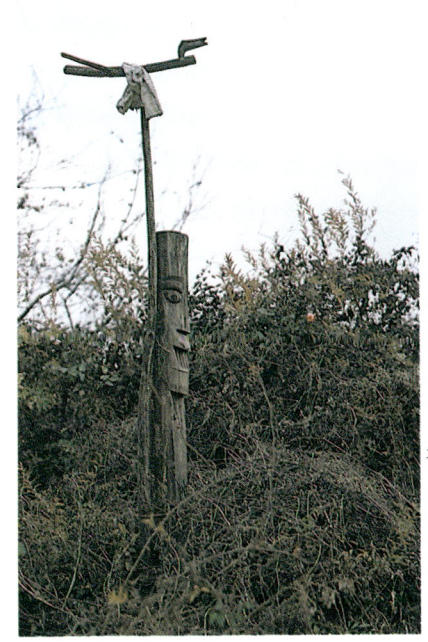

천하대장군과 솟대 솟대는 농경 마을을 사회 구성의 기초 단위로 했던 때부터 마을의 안녕과 수호를 맡고 농사의 성공을 보장하는 마을신의 하나로 성격을 굳혀 갔던 것으로 보인다. 경기도 광주군 중부면 하번천리 소재.

솟대를 구성하는 장대와 새가 쇠퇴되기는 했지만 뚜렷한 의미를 지닌다는 점에서 다른 입간 민속과 구별되는 것이다.

96, 97쪽 사진 그런데 솟대는 그 기원이 청동기시대로 올라갈 수 있을 만큼 매우 오랜 역사성을 지니며 또한 그 분포도 만주, 몽고, 시베리아, 일본에 이르는 광범한 지역에 나타난다. 이것은 솟대가 북아시아 샤머니즘의 문화권에서 유구한 역사를 지니는 신앙 대상물임을 방증해 주는 것이다.

솟대가 언제부터 농경 마을의 신으로 모셔졌는지는 분명하지 않다. 다만 북아시아의 솟대와는 달리 우리의 솟대는 농경 문화에 적합한 여러 다양한 형태와 기능으로 변모해 가면서 농경 마을의 신앙 체계에 통합되어 갔으리라 추측된다. 솟대의 장대에는 왼새끼줄이나 묵선(墨線)으로 용틀임을 하거나, 장대 자체도 용틀임처럼 비틀려 꼬인 나무를 일부러 골라 쓰기도 한다. 또한 반드시 물(시냇물)을 건넌 곳에 있는 나무를 베어내어 솟대를 세움으로써 우순풍조(雨順風調)를 비는 것 등은 솟대와 농경 문화의 융합을 보여 준다.

더욱이 철새류의 물새인 오리가 갖는 다양한 종교적 상징성이 마을의 특수한 사정과 관련된 간절한 희구(希求)에 따라서 어떤 하나의 상징성만이 강조 확대되어 솟대의 기능 역시 다양해진 것으로 보인다. 곧 오리가 농사에 필요한 물을 가져다 준다거나 홍수를 막기도 하고, 홍수에서도 죽지 않고 살아남게 한다든가 또한 마을이 물 속에 있는 것처럼 되어 화마(火魔)가 얼씬거리지 못한다든가 하는 것 등은 오리의 종교적 상징성이 마을에 따라서 얼마나 다양하게 변이(變異)되는가에 대한 좋은 자료이다. 이 밖에도 새의 모양이나 머리 방향, 마리 수에 따라서도 다양한 의미가 부여된다.

이처럼 솟대는 마을 신앙의 한 부분을 구성하는 신앙 대상물이지만 그것이 지니는 역사성과 북아시아 솟대 신앙과의 관련성, 전국적인 분포와 농경 문화와의 다양한 융합 현상, 농경 마을에서의 액막

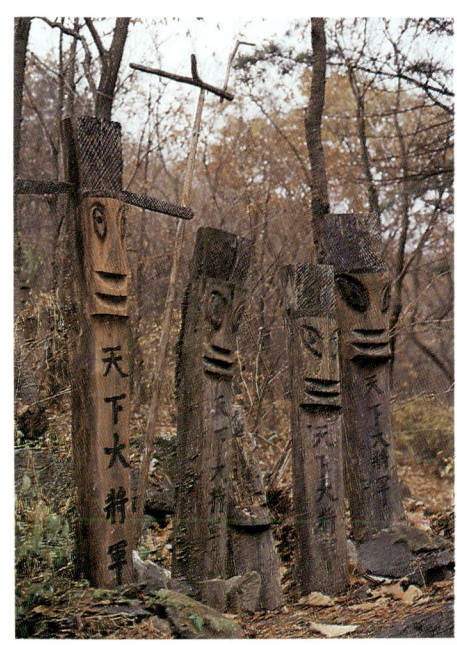

천하대장군과 솟대 경기도 광주군 중부면 엄미리 소재.

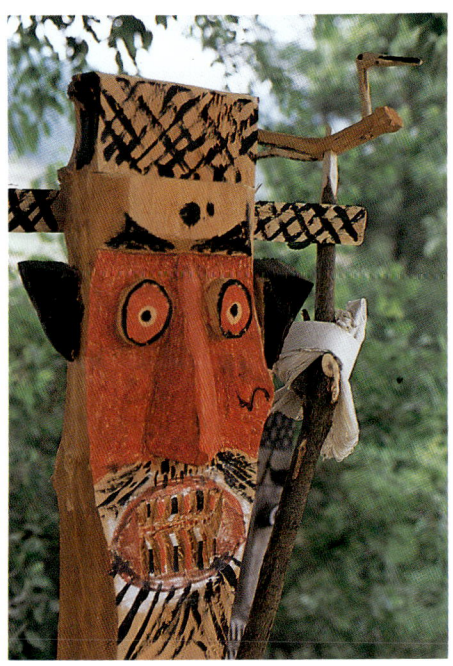

천하대장군과 솟대 솟대의 대에 헝겊이 묶어져 있다. 경기도 광주군 광주읍 목현리 소재.

이와 풍농의 기능, 금제 솟대와 행주형 지세의 솟대 문제, 새(특히 오리와 까마귀) 신앙의 의미 등을 고려하면 솟대의 전반적인 성격과 기능을 밝히는 일은 한국의 역사와 문화의 한 단면을 이해하는 데 중요한 민속 자료라 할 수 있다.

따라서 이런 민속상의 솟대에 대해서는 이미 오래 전부터 여러 학문의 분야 특히 국사학, 고고학, 국문학, 민속학, 종교학, 신화학, 인류학 등에서 큰 관심을 기울여 왔다. 국사학에서는 삼한의 소도 (蘇塗)를 해석하는 하나의 보조 자료로서, 고고학에서는 농경문 청동기나 장대투겁 등 청동제 의기(儀器)가 갖는 종교적 상징의 해석과 관련하여 그리고 민속학에서는 솟대를 장승과 더불어 대표적인 마을의 신앙 대상물로서 이것을 북아시아 여러 종족의 솟대와 비교해 볼 수 있는 중요한 자료로 생각해 왔다.

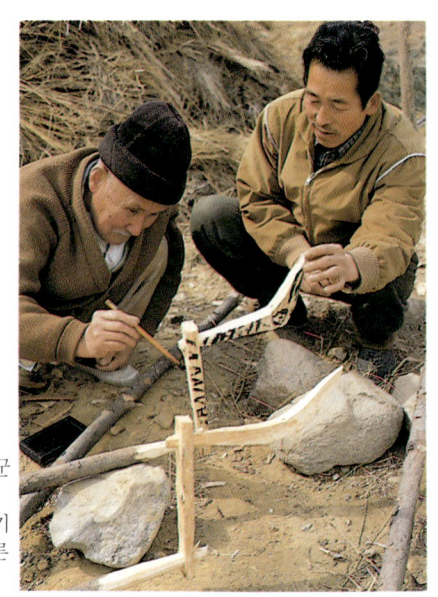

솟대의 오리 만들기 충남 공주군 탄천면 송학리.(왼쪽)
수살맞이 굿에 쓰이는 수살대 경기도 강화군 내가면 외포리.(오른쪽, 국립민속박물관 사진 제공)

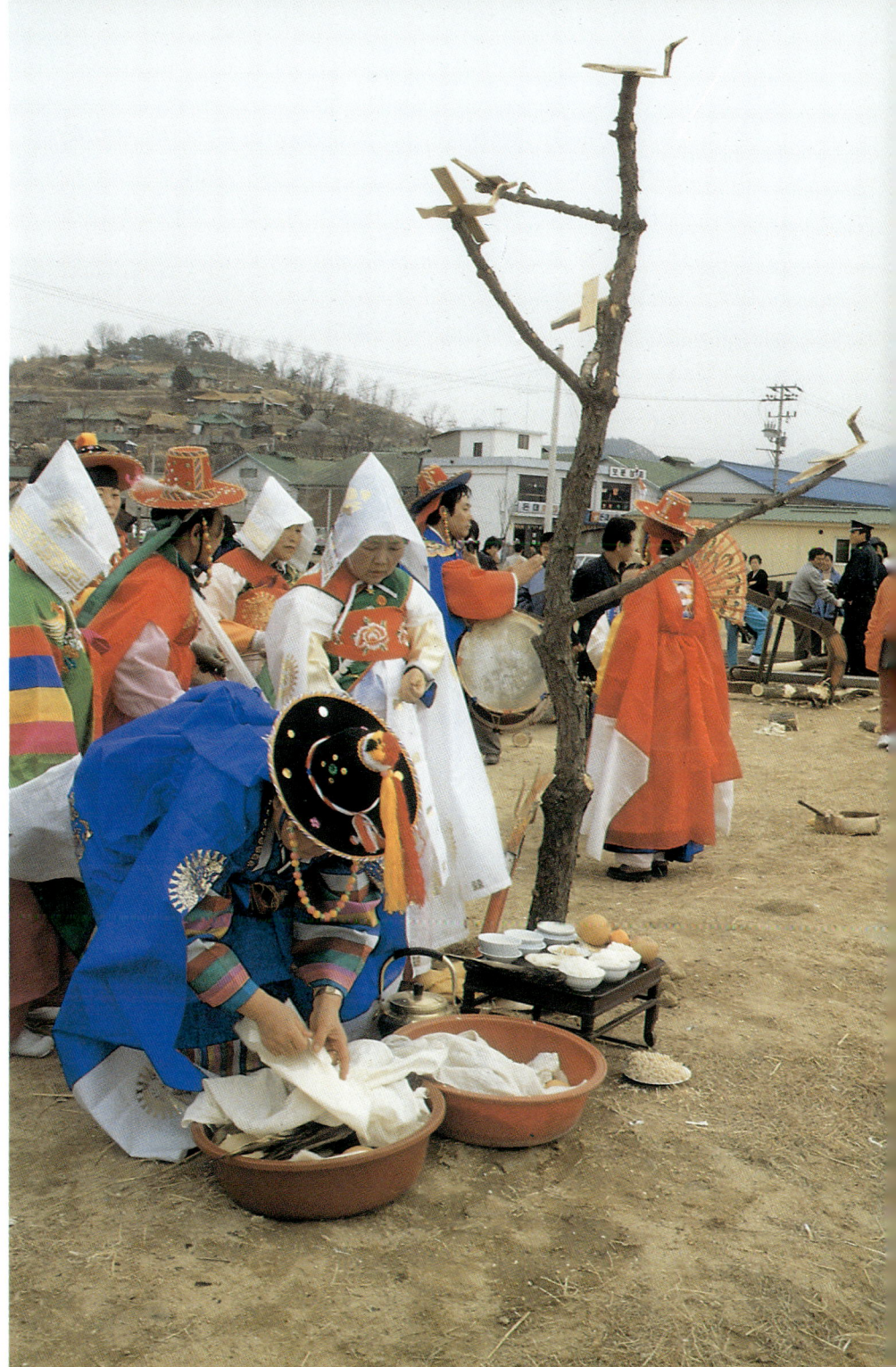

그러나 솟대에 대한 이해는 1932년에 발표된 손진태 씨의 '소도고 (蘇塗考)'에서 크게 벗어나 있지 못하다. 솟대에 대한 많은 관심에 비하면 이상하리 만큼 더 이상의 연구는 진척되지 않았다. 우리가 알고 있는 솟대에 대한 연구도 사실 삼한(三韓)의 소도 문제에 대한 것이고, 민속상의 솟대는 별로 조사 연구되지 않았다. 소도와 솟대는 그 종교적 의미에 있어서 유사성이 찾아지고 또한 어느 정도 역사적인 관련성도 인정되지만 흔히 쓰이는 '솟대(蘇塗)'라는 표기 방식에서 보듯이 '솟대=소도'는 아닌 것이다. 손진태 씨의 '솟대(蘇塗)' 란 개념에 지대한 영향을 받아서인지 그 뒤의 연구 태도도 소도를 논할 때에는 솟대를, 솟대를 논할 때에도 소도를 함께 다루어서 사실상 소도나 솟대 모두의 이해를 흐리게 한 느낌이 있다. 그 양자 (兩者)의 관련성을 밝히는 일은 소도나 솟대 연구의 한 부분일 뿐 전부는 아니다.

이렇게 솟대 연구가 부진했던 것은 현지의 솟대 자료가 거의 없어진 점과 그것이 마을 하당신의 하나를 구성하는 신체(神體)로서 큰 관심을 끌지 못한 점(특히 경기, 충청 지방의 솟대는 장승 옆에 장승의 부수적인 존재처럼 세워짐), 또한 특정 종교 사제와 관련이 없이 전승된 민간 신앙 자료라는 데 그 원인이 있다.

따라서 이런 솟대를 연구 대상으로 할 때에는 우선 민속학의 현지 조사 방법에 의하여 정확하고 완전한 솟대 신앙의 실태(實態)를 찾아서 그것을 정리 분석하고 고고학 자료나 역사 문헌 자료와 대비하여 그 역사성을 밝히고 난 뒤 한국 민족과 인종, 문화적으로 관계 있는 북아시아 지역의 솟대 신앙과 비교를 통하여 한국 솟대의 보편성과 특수성을 규명하는 것이 적합한 방법일 것이다.

천하대장군과 솟대 새의 몸통에 헝겊 예단을 묶은 예이다. 경기도 광주군 퇴촌면 우산리 소재.

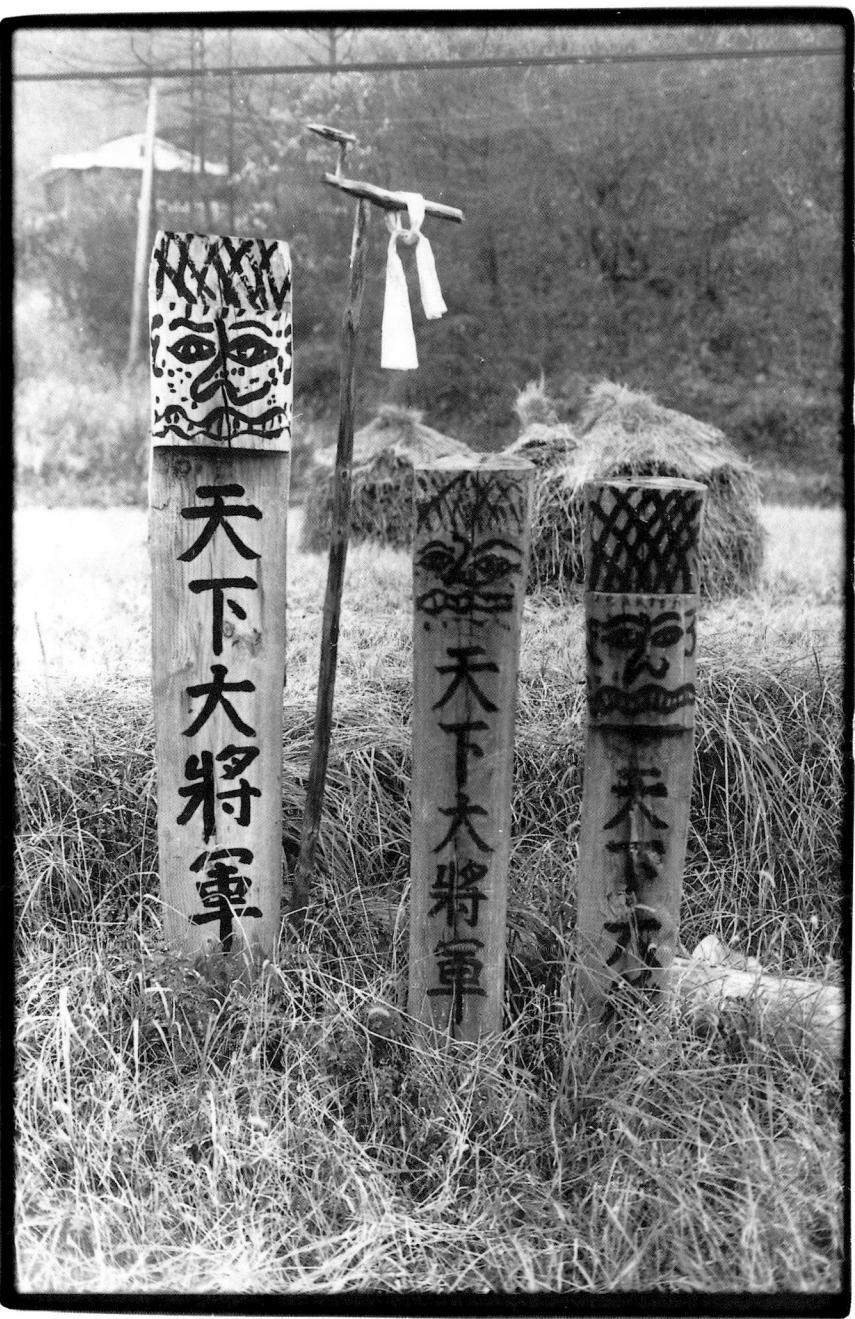

솟대의 지역 분포

　솟대에 대한 연구는 먼저 솟대에 대한 풍부한 현지 조사 위에서
해야겠지만 오늘날 남아 있는 솟대는 극히 드물기 때문에 조사,
연구에 많은 어려움이 따른다. 더구나 이 방면에 관한 문헌 자료도
거의 찾아볼 수가 없어서 솟대의 역사를 해명하는 것도 매우 어렵
다. 물론 이러한 난제는 비록 솟대에만 국한되는 것은 아니고 전통
민속의 일반적인 소멸 현상과 민속 관계 문헌 자료의 극심한 결핍에
서 기인하는 것이지만, 솟대는 문헌 자료나 현지 조사에 의해서도
유난히 찾아보기 힘들다.

　1920, 1930년대 민속학을 연구했던 송석하, 손진태, 아끼바(秋葉
隆), 무라야마(村山智順) 등도 솟대만큼은 희귀한 자료로 생각했을
정도이다. 그러나 과거 전통 사회에서 솟대는 장승과 더불어 마을의
중요한 신앙 대상의 하나였음은 분명하다. 현재는 솟대가 세워지지
않지만 과거에 솟대가 있었던 곳은 그 일부가 솟대배기, 솔대배기,
화주대배기, 화짓대배기, 효대배기, 진대배기, 짐대배기 등으로 지명
(地名)만이 남아 있는 것이다. 한글학회 편「한국 지명 총람」을 통하
여 휴전선 이남의 남한 지역에서만 솟대 관계 지명이 625개소가

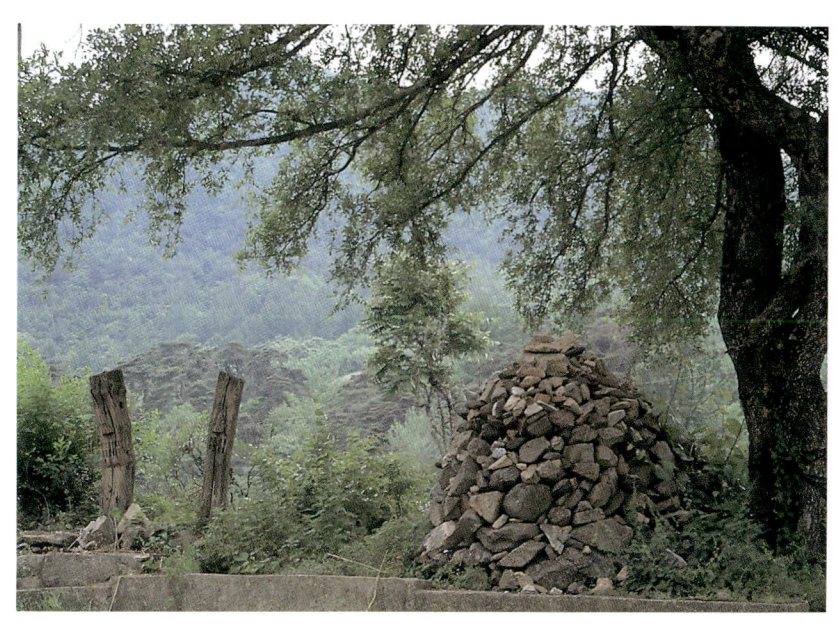

솟대 장승 솟대 탑이 한 곳에 모셔져 있다. 솟대의 새는 낡아서 떨어져 버렸고, 장대만 남아 있다. 충북 옥천군 군서면 사정리 소재.

확인되는 것을 보면 전통 사회의 마을 신앙에서 솟대가 차지하는 몫은 결코 무시할 수 있는 것이 아니다. 또한 같은 책에서 조사된 장승 관계 지명이 932개소인 점을 보더라도 장승 못지않게 솟대 신앙도 매우 번성했었음을 알 수 있다.

21쪽 그림   솟대의 지역 분포 상황을 파악하기 위하여 솟대 관계 지명 625개소와 문헌과 현지 조사로부터 얻은 76개소의 자료를 이용하여 솟대 분포도, 솟대 관계 지명의 지역, 유형별 통계표를 작성했다.

표 1. 솟대 관계 지명의 지역, 유형별 통계표

유형 지역	일반 솟대	행주형 지세 솟대	급제 기념 솟대	합계	비율(%)
경기	16	·	2	18	2.8
충남	21	·	6	27	4.3
충북	8	·	4	12	1.9
전북	67	·	9	76	12
전남	169	7	41	217	34.6
강원	6	·	6	12	2
경북	84	2	73	159	25.3
경남	38	2	58	98	15.6
제주	6	·	·	6	0.9
총계	415	11	199	625	·

이러한 솟대 분포도와 솟대 관계 지명의 지역, 유형별 통계표를 기초로 하여 솟대의 지역 분포를 살펴보면, 솟대는 한강 이남 지역에 거의 보편적으로 분포하지만 중부 지방에서 남부 지방으로 내려갈수록 보다 집중적으로 나타나고 있다. 경기, 강원, 충북 일대에서

〈솟대 분포도〉

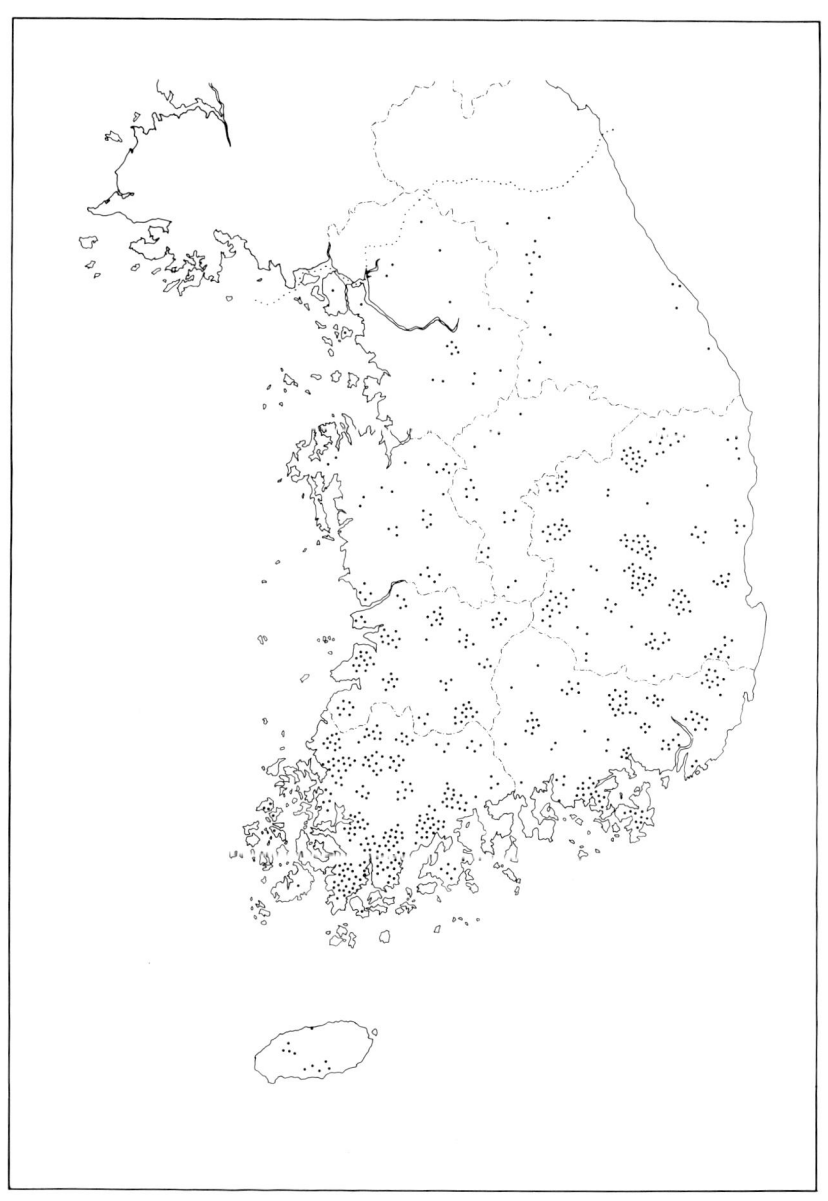

는 적은 수의 솟대 분포를 보이는 반면에, 전남 지방에는 전국(한강 이남 지역) 솟대의 34.6퍼센트에 이르는 많은 숫자의 솟대가 분포되어 있는데, 전남 지방에서도 강진군, 보성군, 해남군, 함평군, 영암군, 승주군 등 남서부 해안 지역에 보다 많이 밀집되어 있다. 영남과 호남 지역의 솟대를 합하면 전국 솟대의 약 90퍼센트를 차지하는 집중 현상을 보이고 있어서 솟대의 중심 영역이 마치 한반도 남부 지방인 것처럼 보인다.

그러나 이러한 한반도 남부 지방에서의 솟대 밀집 현상이 북아시아 계통의 문화 요소인 솟대가 남부 지방에서만 온전히 전승되고 있고 다른 지역에서는 일찍이 소멸되어 갔던 현상의 결과인지, 아니면 솟대의 발생 또는 중심 영역(central area)의 또 하나가 원래 남부 지방(특히 전남의 해안 지방)이었기 때문에 비롯된 것인지는 현재로서는 명확히 밝히기 어렵다. 하지만 우리 민속 문화의 기층에는 북아시아 문화의 전통이 서려 있고 또한 우리 문화의 한 기본적 성격을 형성시킨 신석기, 청동기 문화도 대체로 북아시아의 것과 공통됨을 보이는 점을 감안하면 솟대 신앙 역시 북아시아 문화 전통으로 이해된다. 동남아시아의 태국, 버마, 캄보디아 등의 일부 산간 마을에서 ┌┐형(形)의 나무 문 상단에 나무로 만든 새를 앉힌 것을 우리 솟대와 관련지어 보는 견해도 있지만, 실질적인 관련성은 없어 보인다.

아무튼 솟대를 북아시아 문화 전통에서 비롯된다고 보면 솟대의 분포는 한반도 북부로부터 집중되다가 남부로 내려올수록 희소한 분포를 보일 것이 예상되지만, 실제는 반대의 현상을 보인다. 이 점은 솟대가 북부 지방으로부터 일찍이 소멸되어 갔고 오히려 전남 해안 지방을 중심한 남부 지방에서는 솟대를 안정된 농경 마을의 신앙 체계에 통합하면서 존속시켜 왔던 점을 시사해 주는 것은 아닐까 추측된다.

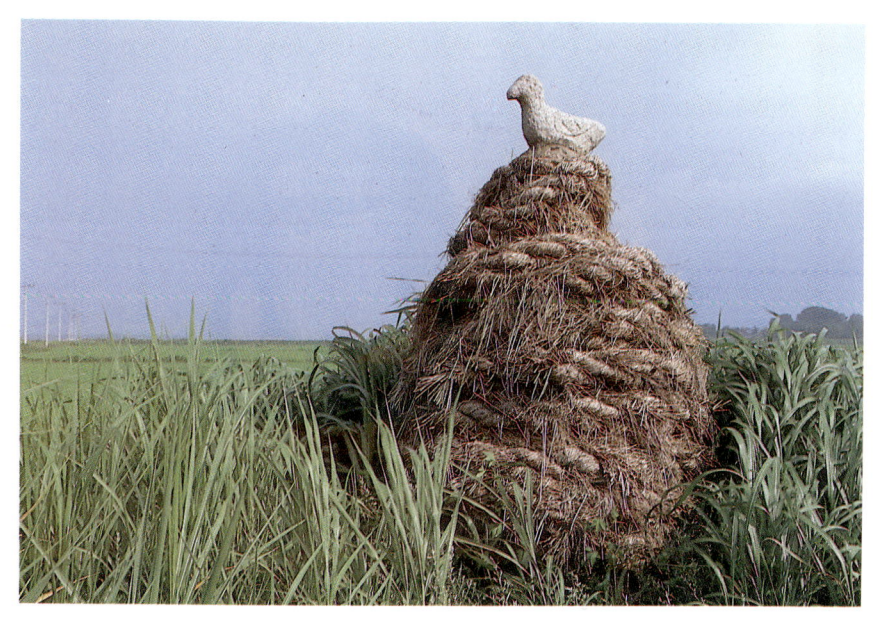

솟대 호남 지방에서 줄다리기가 끝난 뒤 솟대인 당산에 줄을 감는 의례 행위는 '옷
입히기'라고 표현되는데, 이는 신앙 대상물에 대한 명백한 인격화이다. 전북 부안군
부안읍 내료리 소재.

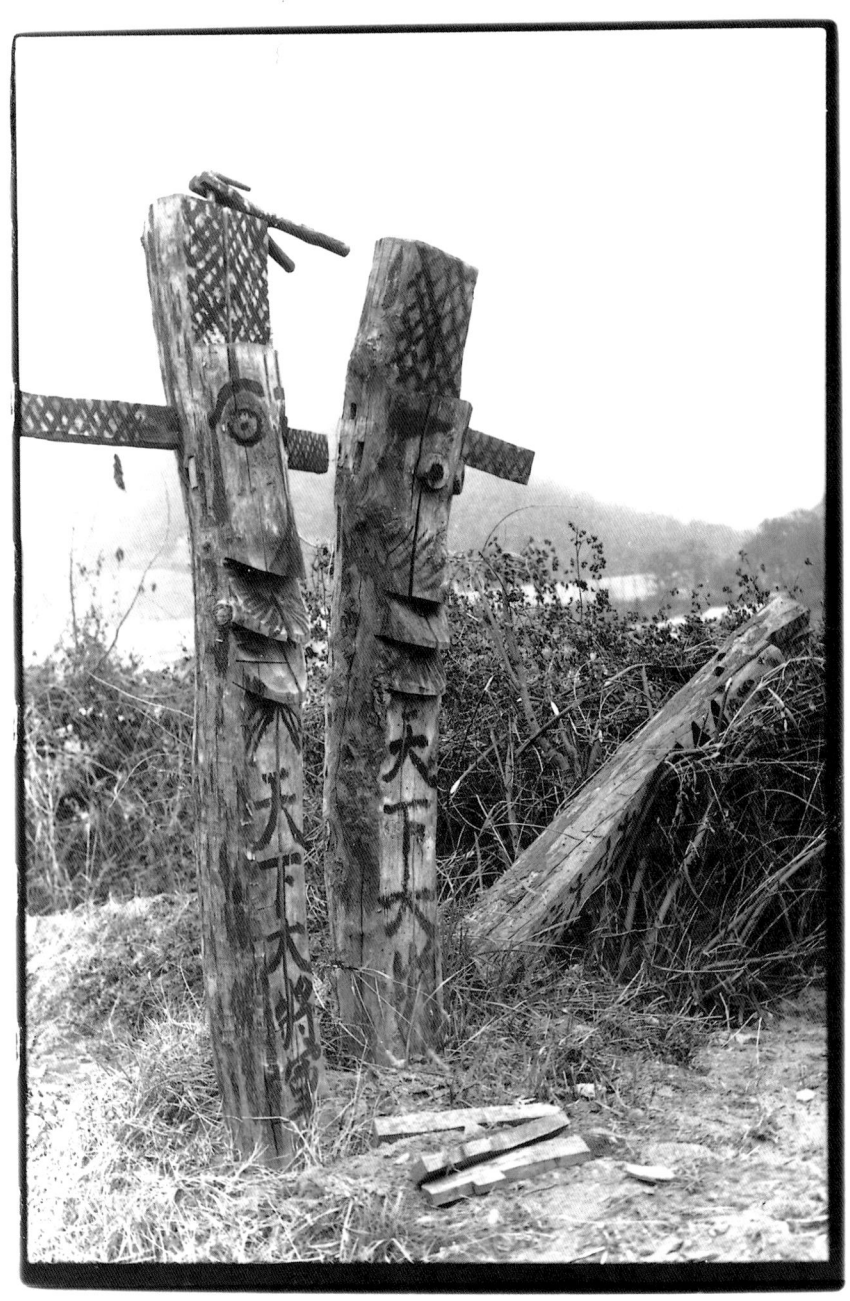

24 솟대의 지역 분포

북한 지역에 대한 솟대 실태는 현재로는 알아보기 어렵다. 오직 손진태 씨가 1920, 1930년대에 평안도, 황해도 지역을 조사한 기록에 따르면 이 지역의 솟대가 갖는 특색은 먼저 정상에 새가 있는 것이 없고, 과거 급제자가 세운 용두(龍頭)를 조부(彫附)한 것뿐이며 마을이 공동으로 세운 솟대는 없다고 한다. 또한 솟대에 대한 호칭에서도 남한과 같이 화주(華柱)라 하지 않고 솟대라고 일컫는 것이 일반적이다. 결국 북한 지역에는 마을에서 공동으로 세운 액막이와 풍농의 솟대가 없었다는 지적이지만, 원래 그러한 솟대가 없었던 것은 아닌 것 같다.

손진태 씨가 1923년 함남 함흥에서 채록한 '창세가(創世歌)'에 보면 마을에서 솟대가 액막이로 세워지고 있었음을 엿볼 수 있다. 또한 평안도에서는 자기 체격이나 힘에 비하여 크고 무거운 짐을 진 사람을 비유하여 "당나귀 잔등 위에 솟대 실은 것 같다"는 속담이 있는 것 등으로 보아 북한 지역에서의 일반 솟대의 존재를 충분히 짐작할 수 있다. 1920, 1930년대 손진태 씨의 현지 조사 자료에 의하면 당시 북한 지역에서는 이미 일반 솟대는 많이 소멸되었고 급제 기념의 솟대만 간혹 남아 있었던 것으로 보인다.

다른 일제시대의 민속학자들도 북한의 솟대 자료에 대해서 거의 아는 바가 없는 것을 보면, 남한 지역에 비해서 보다 이른 시기에 소멸되어 갔거나, 아니면 아마도 밭농사를 위주로 하는 북한에서는 솟대 신앙이 원래 큰 비중이 없었던 것 같다. 솟대의 호칭에도 물론 북한의 솟대에 대한 풍부한 조사 자료가 있는 것은 아니지만, 남한의 다양한 솟대 호칭과는 달리 대체로 솟대, 솔대, 솟택 등의 단일한 명칭만 확인되는 것을 보더라도 남한에서처럼 솟대가 보편적으로 유행되고 분화, 발전된 것은 아니었다.

천하대장군과 솟대 경기도 광주군 중부면 하번천리 소재.

    남한에서는 전남과 경남의 해안 지역 그리고 강원도의 해안 지역이 다른 지역에 비하여 솟대에 대한 믿음과 정성이 더 큰 것으로 보인다. 이들 지역 밖에서 보여지는 솟대는 대개 장승을 비롯한 다른 신앙 대상물과의 복합 양상 속에서 지금은 솟대 자체가 갖는 뚜렷한 성격을 찾기가 어렵다. 그러나 이들 지역에서는 동제나 농경과의 관계에서 솟대가 중요한 몫을 차지한다. 그리고 새에 대한 믿음도 더 깊다.

    또한 한강 이남의 모든 지역이 솟대 위의 새를 대체로 오리라고 생각하는 반면에 경남 해안 지역 일부와 제주도에서는 오직 까마귀라고만 부른다. 그것도 다른 지역에서처럼 장대 위에 새를 앉히는 것이 아니라, 돌무더기 위에 장대를 세우고 그 장대 끝 부분에 새를 꿰뚫어서 앉힌 것이다. 까마귀라는 이름과 독특한 제작 형태는 이들 지역에서만 분포하여 하나의 지방형을 이룬다.

    현재의 솟대 자료를 통해서 볼 때 솟대는 분명히 한반도 북부에서 중부, 남부로 내려올수록 더 집중적인 분포 현상을 보이며 솟대와 동제, 농경 그리고 뚜렷한 새 신앙과의 관련성에서 미루어보아도 남부 지방의 솟대 신앙이 가장 다양하고 분명하게 나타나고 있음을 알 수 있다. 또한 현재로서는 전남 해안 지역을 비롯한 남부 지방이 풍부한 솟대 신앙의 자료를 간직한 보고(寶庫)로 간주되기 때문에 앞으로 이 지역에 대한 조사 연구에 따라서 보다 본질적이고 고형(古形)에 가까운 솟대 신앙을 찾아볼 수 있을 것으로 기대된다.

장대 위의 오리 새를 만드는 재료는 대체로 소나무, 참나무, 오리나무 등인데 이들 새 모양에 몇 가지 장식을 덧붙여서 새의 성격을 구체화시키기도 한다. 곧 물새로서의 성격을 강조하기 위하여 부리에 갈대 등을 물리는 것이 그것이다. 전남 화순군 동복면 가수리.

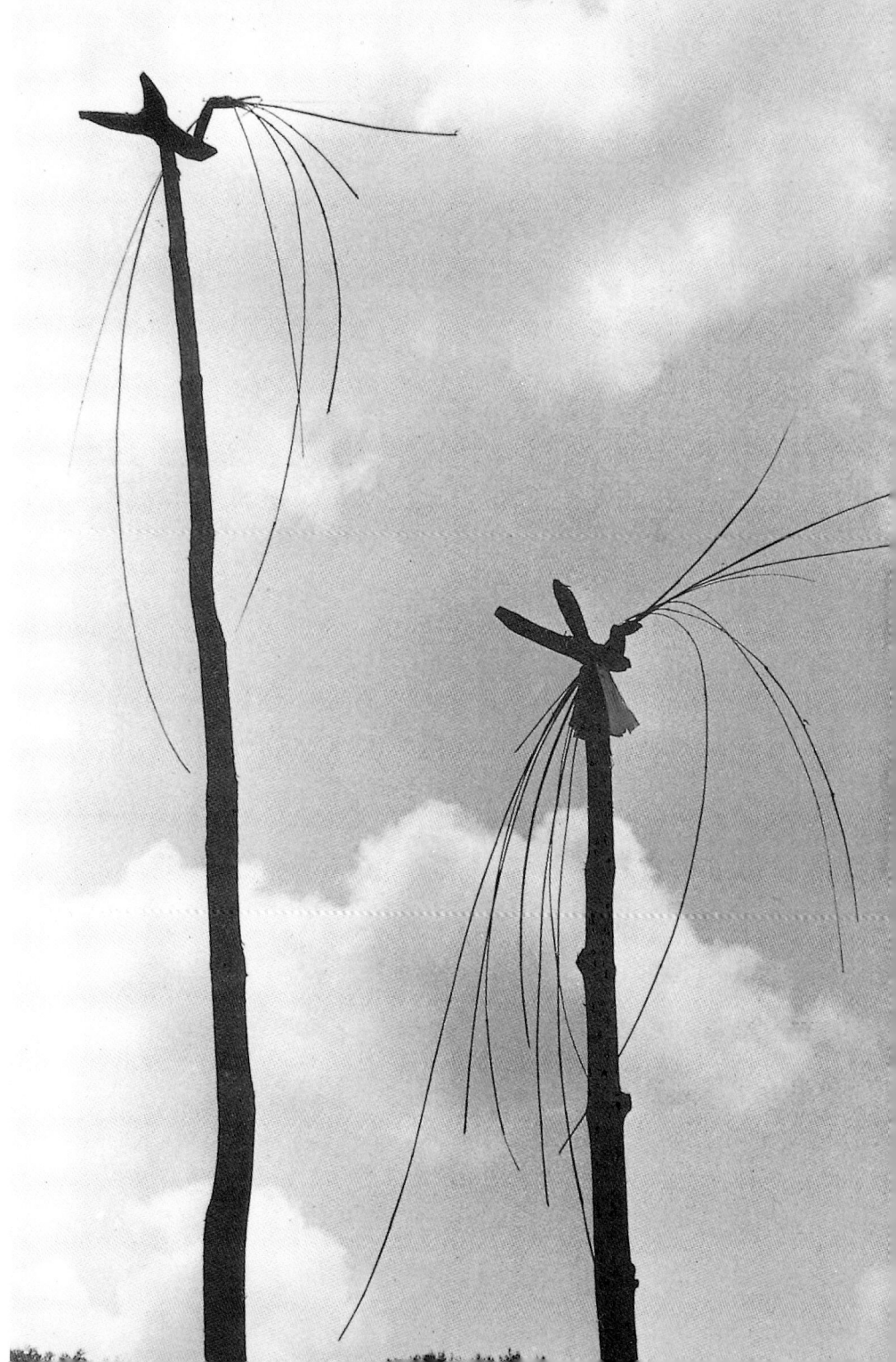

솟대의 여러 유형

건립 동기

솟대는 마을의 안녕과 수호 그리고 풍농을 위하여 마을에서 공동으로 세우는 경우가 대부분이지만, 이 밖에도 전통 사회에서는 행주형 지세의 마을에 돛대를 나타내기 위하여 건립하거나 또는 급제를 기념하기 위하여 세우는 예도 있었다. 그러나 행주형 지세의 솟대나 급제 기념의 솟대도 역시 마을의 제액 초복(除厄招福)이나 풍농 그리고 개인의 안녕을 위한 신앙의 대상이 되기도 한다.

세우는 위치

솟대가 세워지는 곳은 대체로 마을 입구가 된다. 마을 입구는 사람들뿐만 아니라 모든 초자연적 존재들도 드나드는 장소로서 때로는 재액(災厄), 악역(惡疫), 부정(不淨)이 침입하는 곳이기도 하다. 곧 마을 입구란 마을 안의 신성과 질서의 세계, 마을 밖의

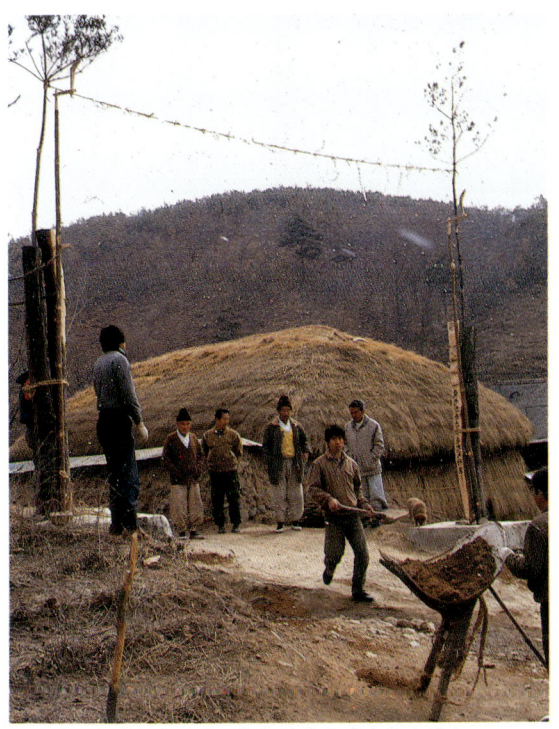

마을 입구의 장승제 준비 충남 청양군 정산면 송학리

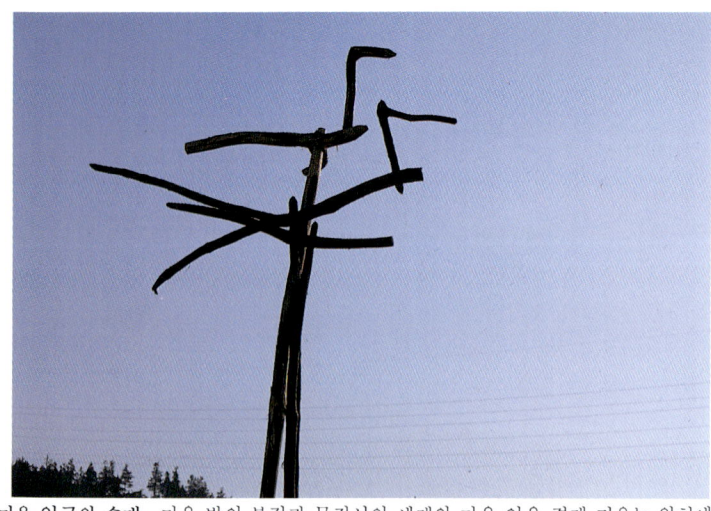

마을 입구의 솟대 마을 밖의 부정과 무질서의 세계와 마을 안을 경계 지우는 위치에
서 있다. 강원도 홍천군 북방면 화동리

부정과 무질서의 세계가 경계 지워지며 동시에 접촉되는 공간이기
에 보다 강한 신성으로서 마을 밖의 부정을 막으며 마을의 신성을
지키려 했던 것이다.

이렇게 솟대를 마을 입구에 세우는 것말고도 충남 부여군 은산면
은산이나 전북 부안군 부안읍에서와 같이 사방의 입구에 진대나
솟대를 세우기도 하며 강원도 홍천군 북방면 본궁리와 경기도 파주
군 광탄면 용미리에서처럼 마을 입구와 뒤쪽 모두에 세우기도 하는
데 이것은 액막이로서의 기능을 더 강화시키는 의미가 된다. 또한
마을의 허한 곳이면 어디든지 세워지는 경우도 있고, 남해안 일부
지역에서는 '제만도'라 불리는 성역(聖域)에 세우기도 한다.

행주형 지세의 마을에는 '돛대가 있어야 마을이 평안하다'고 하여
역시 솟대를 세우는데 이때에는 마을 입구 외에도 마을 중앙에 세우
는 경우도 많다. 또한 일반 솟대와는 달리 두세 곳 이상에 건립되는

경우도 흔한데 이것은 큰 배에는 돛대가 몇 개씩이나 있는 이치와
동일한 이유에서이다. 전남 순천시 용수동 짐대골에서는 마을 앞
내 건너 짐머리에 하나, 마을 입구에 하나 그리고 마을 앞 짐대배미
에 하나씩을 세워서 모두 세 개의 짐대가 있었다. 경남 울주군 언양
면 어음리에는 예전에 다섯 군데에 돛대가 있었다고 한다.

급제 기념의 솟대는 마을 입구나 급제자의 문 앞 그리고 선산
(先山)에 세웠는데, 원래는 급제자의 수만큼 세우는 것이어서 급제
자를 많이 내게 된 마을이나 문중(門中)에서는 대단히 많은 솟대를
건립하는 사례도 있었다. 경북 선산군 임은의 허씨(許氏) 문중에는
실로 43개의 화주(華柱)를 세웠다고 하는데 당시 허씨 문중에 학문
을 수업하는 70여 명 가운데 43명이 등과(登科)하였다는 것이다.

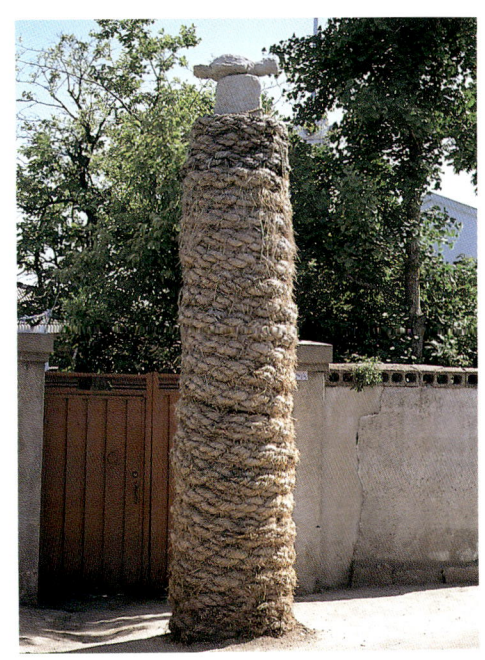

마을 안의 솟대 전북 부안군
부안읍 동문안

다른 신앙 대상물과의 복합 양상

솟대는 홀로 세워지기도 하지만, 대개는 다른 신앙 대상물과 여러 복합 양상을 띠면서 세워진다. 이러한 복합 양상을 살펴보면 다음과 같다.

표 2. 솟대의 다른 신앙 대상물과의 복합 양상

다른 신앙 대상물과의 복합 양상	분포 지역
솟대 단독형	전남 해남군 송지면 서정리, 해남군 황산면 원호리, 강원도 강릉시 강문동, 안목, 명주군 옥계면 낙풍리 등
솟대, 장승 복합형	충남 연기군 전의면 관정리, 대곡리, 공주군 탄천면 송학리, 반포면 상신리, 하신리, 경기도 광주군 중부면 엄미리 등(이것이 가장 보편적인 복합 형태이다)
솟대, 탑 복합형	전북 순창군 구림면 금창리, 전남 승주군 쌍암면 두월리
솟대, 장승, 탑 복합형	충북 옥천군 군서면 사정리, 충북 영동군 용산면 율리, 청원군 문의면 문덕리 등
솟대, 선돌 복합형	충북 옥천군 군서면 은행리, 전북 고창군 흥덕면 사포리
탑 또는 흙더미 위에 솟대를 앉힌 복합형	부산시 동래구 두구동, 경남 울주군 언양면 어음리, 거제군 일운면 망치리, 전남 남원군 아영면 청계리, 해남군 옥천면 영촌리, 순천시 와룡동 짐대골, 강원도 명주군 강동면 심곡리, 제주도 일원 등

34쪽 사진   이러한 각개의 복합 양상이 갖는 구체적 의미를 밝히기는 어렵지만 중요한 것은 솟대와 장승이 대체로 보편적이며 기본적인 복합형을 이룬다는 사실이다. 곧 마을 입구에 솟대와 장승이 단짝이 되어

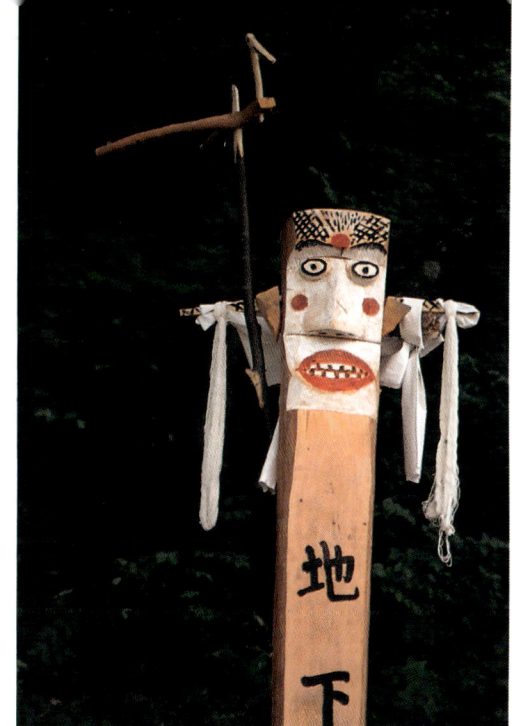

지하여장군과 솟대 장승 얼굴에 연지·곤지를 찍고 입술을 붉게 칠하고 헝겊을 드리운 것이 흥미롭다.

세워짐으로써 마을의 안녕, 수호 그리고 풍농을 담당하게 되는 것이다. 이때 솟대와 장승은 그 기능을 서로 보강하고 분담하는 것으로 보인다. 솟대는 장승이 갖는 제액 초복의 역할을 협조, 보강하면서 (솟대를 수살대라고 부르기도 한다) 한편으로 솟대의 새로 하여금 농경의 성공을 보장하게 하는 것 같다.

솟대가 다른 신앙 대상물들과 복합 양상을 이루고 있을 때보다는, 홀로 세워지는 경우에 솟대의 본래 성격이 더욱 구체적이고 분명하게 드러난다. 이러한 솟대 단독형은 전남의 일부 해안 지방과 강원도 강릉시 명주군 등에서 볼 수 있는데 여기서는 솟대가 동제와 농경과 관련된 중요한 마을신으로 여겨진다.

한편 솟대와 다른 신앙 대상물이 두세 가지씩 복합되어 세워지는
것은 거의 전국적인 현상이나 탑이나 돌무더기 위에 솟대를 앉힌
복합형은 전남, 경남 지역의 일부 마을에 주로 분포하며 제주도에서
는 거의 모든 지역에 이 형태의 솟대만이 발견되어 하나의 독특한
지방형을 이룬다고 보겠다. 더구나 이곳 솟대의 새는 까마귀로 통칭
되고 있음도 주목할 만한 지역 특성으로 생각된다. 그리고 행주형
지세의 솟대는 다른 신앙 대상물과 복합을 이루기보다는 단독으로
세워지는 경우가 많은 것 같다.

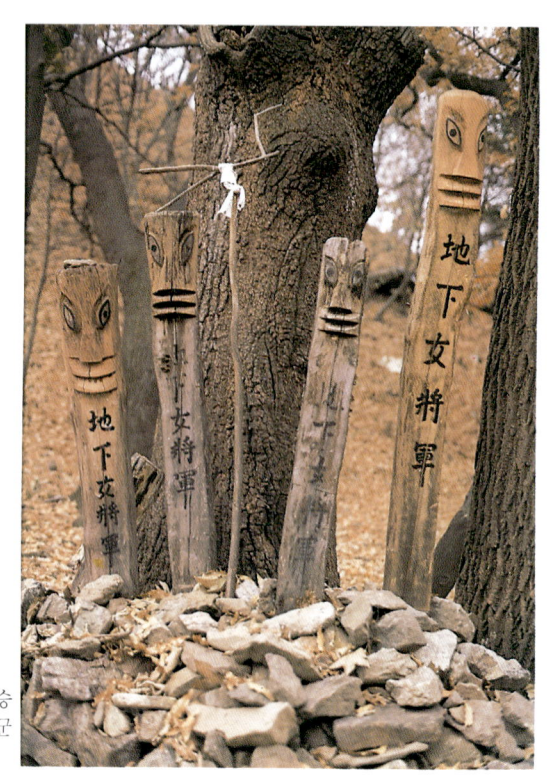

지하여장군과 솟대　돌무더기 위에 장승
　과 솟대가 서 있다. 경기도 광주군
　중부면 엄미리 소재.

호칭

솟대의 호칭은 지역과 마을에 따라서 솟대가 갖는 한 특성만을 강조하여 표현한 것이기 때문에 매우 다양하게 불린다. 그리하여 솟대의 호칭을 분석함으로써 솟대의 일반 성격을 드러낼 수 있는 것이다.

솟대의 호칭은 다음과 같이 분류된다.

표 3. 솟대의 호칭

분류 기준		명칭
겉모양을 기준하여		솟대(솔대), 짐대(진대, 진대배기, 진또배기), 돛대, 설대, 새대, 거리탑과 새, 성주 기둥, 장승대
새를 기준하여		오리(오릿대, 오리표), 기러기(기러기대), 갈매기, 따오기, 왜가리, 까치, 까마귀(거오기, 거액), 학(文科 출신자), 봉(武科 출신자)
		※ 급제 기념 솟대에는 때때로 용두(龍頭)를 사용
기능을 기준하여	액막이	수살(守煞, 수살이, 수살대, 수살이대, 수살목), 추악대(推惡臺), 진목(陣木)
	급제 기념	소주대(嘯柱臺), 표주대(表柱臺), 화주대(華柱臺), 효죽(孝竹), 효대
	행주형 지세의 돛대	심대(신대), 돛내, 낼내('배를 매어 두는 대'라는 뜻), 진동단(鎭洞壇)
	풍농	낟가리대
동제(洞祭)와의 관계를 기준하여		당산(당산 할아버지, 당산 할머니, 갓당산), 진떼백이 서낭님, 별신대(비선대, 뱁선대, 별성대), 성황대
세워진 위치를 기준하여		거릿대, 갯대
의인화를 기준하여		거릿대 장군님, 대장군 영감님, 당산 할머니, 당산 할아버지, 진떼백이 서낭님

솟대는 우선 '솟대' '솔대'라는 명칭과 같이 '솟아 있는 장대'가
필수 요건이 된다. 짐대와 진대는 불교 사찰의 당간(幢竿)을 지칭하
는 동시에 선박의 돛대를 뜻하기 때문에, 행주형 지세의 마을에
세우는 돛대는 일반적으로 짐대라고 부른다. 그러나 행주형 지세와
관련이 없는 솟대도 흔히 짐대라고 부른다. 짐대란 대개 길게 뻗어
있는 사물도 가리키기 때문이다. 그래서 일부 지역에서는 기다랗게
생긴 뱀을 진대 또는 짐대라고 하는 것이다.

또한 짐대는 불교 사찰의 당간과 민속상의 솟대를 모두 지칭하는
말로도 사용된다. 충남 공주군 반포면 상신리 마을에는 고려시대에
건립된 것으로 추정되는 구룡사(九龍寺) 당간 지주가 아직 남아
있는데, 마을 사람들은 이것을 짐대라 부른다. 한편 마을 입구 양쪽
에서 마주 보고 서 있는 솟대도 역시 짐대라고 부른다. 충남 홍성군
홍성읍에서도 그곳의 당간 지주를 짐대라고 부른다. 이 밖에도 파손
38쪽 사진
된 당간 지주의 파편을 마을 입구 양쪽에 벌려 세워 놓고 짐대라고
부르는 마을도 간혹 발견할 수 있는데, 이때에도 마을 사람들은
"옛 절의 짐대를 지금은 마을 앞 짐대로 모신다"라는 말을 전해
준다. 이러한 현상은 민속상의 솟대와 불교 사찰의 당간과의 관계성
을 잘 보여 주는 것이라고 생각된다. 그러나 기다랗게 위로 솟은
선돌을 짐대돌이라고 부르는 마을도 있다.

솟대의 새는 대표적인 철새이자 물새인 오리가 거의 대부분을
차지한다. 오리가 갖는 물새로서의 성격을 강조하기 위해서 갈대나
붕어를 부리에 물리기도 한다. 특히 충청 지방의 일부 지역에서는
솟대나 짐대보다는 오리가 보편적인 호칭으로 사용될 정도이다.
간혹 해오라기, 왜가리, 갈매기, 기러기, 따오기, 까치 등으로 불리는
예도 있지만 어떤 경우에도 오리를 솟대의 새로 상정하는 것 같다.
그러나 경남 해안 지역 일부와 제주도에서는 까마귀가 일반적으로
나타나고 있어서 하나의 지방 특색을 보여 준다. 새를 기준하여서도

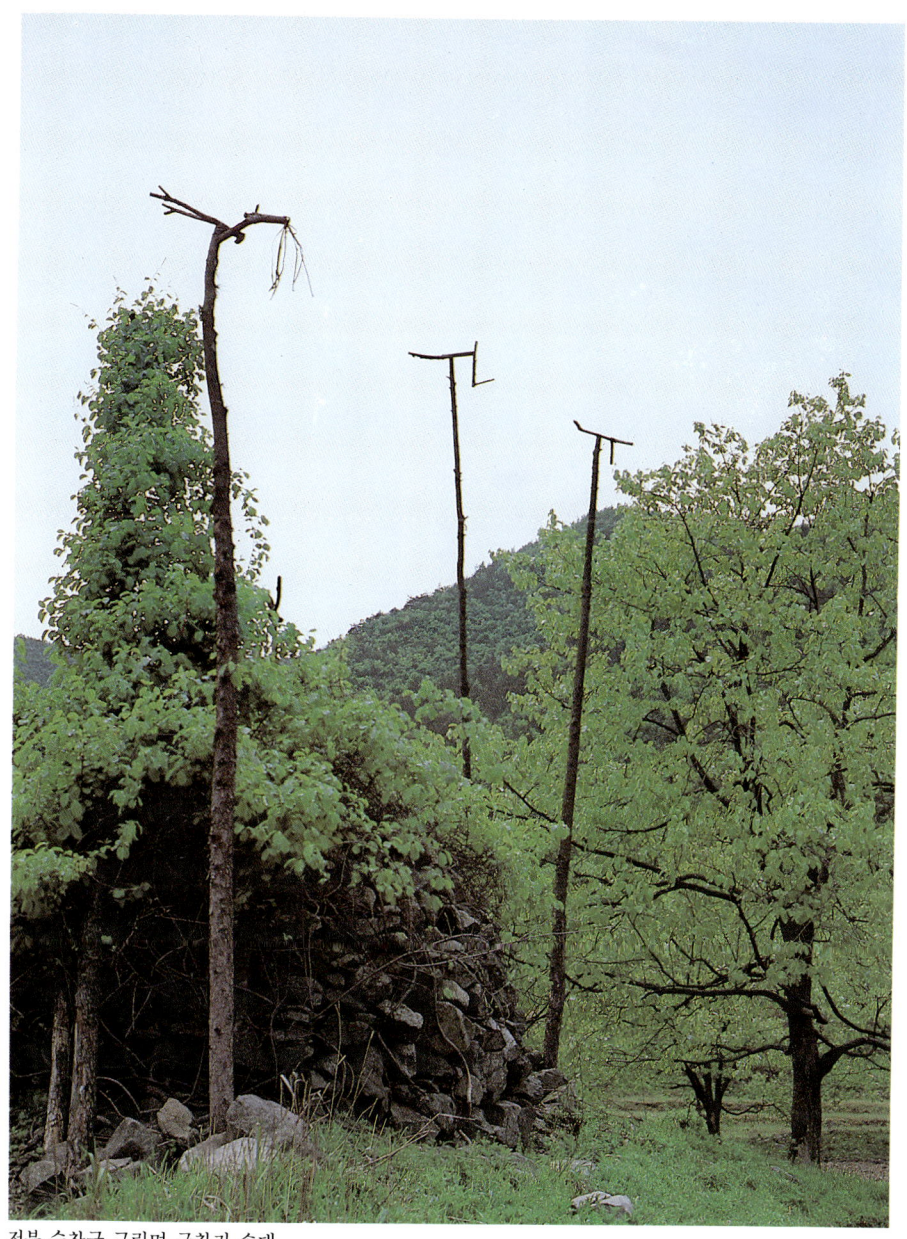

전북 순창군 구림면 금창리 솟대

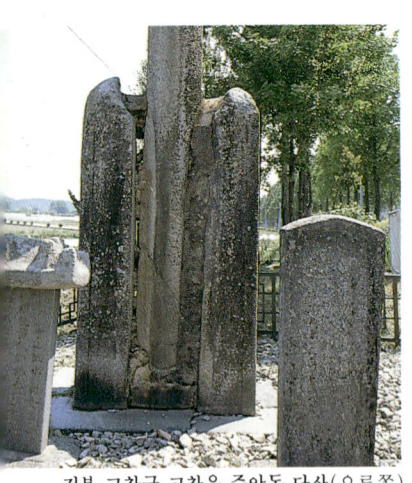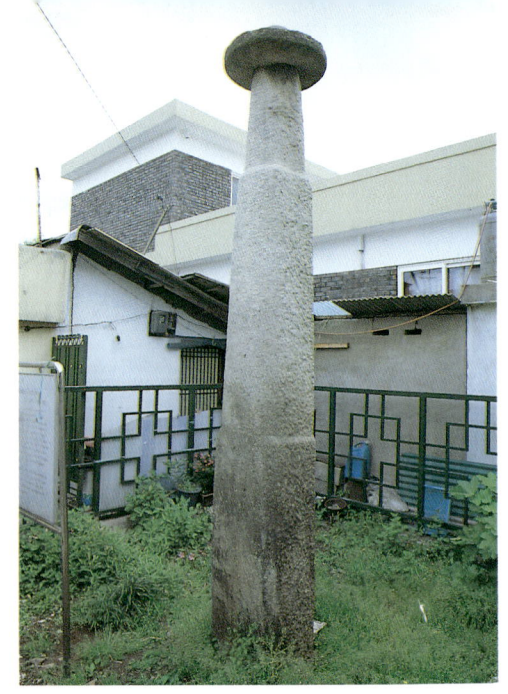

전북 고창군 고창읍 중앙동 당산(오른쪽)
전남 담양군 담양읍 객사리 당간 지주(왼쪽)

많은 호칭이 있는 것을 보면 솟대의 새는 사실상 필수적인 것이다 (그러나 간혹 새가 앉혀지지 않은 솟대도 있다).

15쪽 사진
　솟대를 기능적인 측면에서 수살대나 낟가리대로도 부르는 것을 보면, 그것이 원래 마을의 액막이와 풍농의 기능을 가졌던 것으로 추측할 수 있다. 특히 수살대는 대단히 보편화된 호칭으로 솟대의 액막이 기능에 대한 일반의 관념을 잘 보여 준다. 그리고 이러한 액막이와 풍농의 솟대가 아마도 고려시대에 풍수지리 사상이 널리 퍼짐에 따라서 행주형 지세에 세워지는 솟대로서 변형되어 널리 유행되었고, 급제에 의한 입신 양명의 풍조가 나타난 뒤에는 솟대의 개인화, 귀족화가 이루어져서 이른바 화주대(華柱臺)로 널리 유행하기에 이른 것으로 생각된다. 효죽(孝竹) 또는 효대라는 명칭 자체가 얼마나 급제에 의한 입신 양명을 귀하게 여겼는지 잘 보여 준다.

　한편 솟대를 '당산' '별신대' 등으로 부르는 것은 솟대 자체가 동제

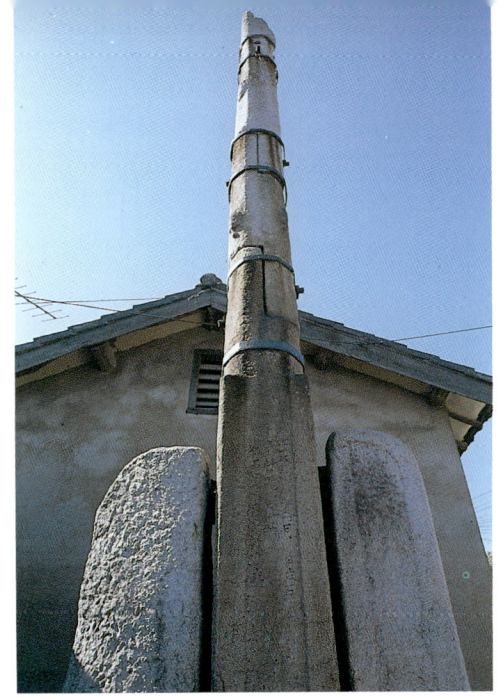
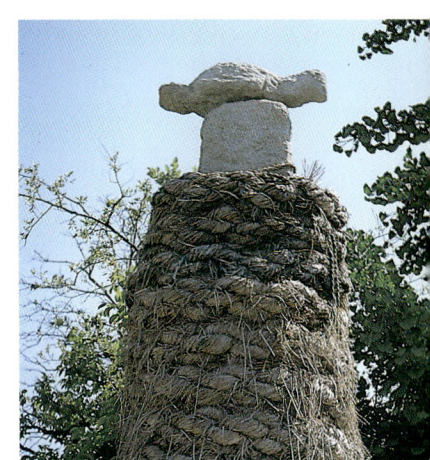

전북 부안군 부안읍 서외리 딩긴(왼쪽)
전북 부안군 부안읍 동문안 당산 위의 새
(오른쪽)

의 중요한 신앙 대상물이 되기 때문이며 개인 치성의 대상이 되는
동시에 마을 전체의 안녕과 관계되는 신앙 대상물이기 때문이다.

솟대를 당산 할머니나 진떼백이 서낭님, 거릿대 장군님, 대장군
영감님이라고 부르는 것은 명백한 솟대의 인격화이다. 이것은 영남
지방에서 신대, 서낭대에 치마를 입히는 의례 행위나 호남 지방에서
줄다리기가 끝난 뒤 솟대인 당산에 줄을 감는 의례 행위와 견주어
볼 수 있는 신앙 대상물의 인격화인 것이다. 곧 인간의 모습과 성격
을 갖는 신으로 만들어 더 인간과 친근하고, 인간의 욕구에 부응할
수 있는 신의 형상을 이루어 나가는 것이다.

이같은 솟대의 다양한 호칭을 종합해 보면, 우리는 솟대가 일단
장대나 돌기둥 위에 오리를 앉힌 것이 기본형이며 그것은 원래 마을
의 액막이와 풍농의 기능을 했으며 때로는 인격화되어 동제의 중요
한 신앙 대상물이 되었음을 알 수 있다.

새의 모양

솟대의 새 모양은 간단히 양식화하여 Y자형 나뭇가지로 만든 것이 있고, ㄱ자형 나뭇가지를 머리와 목으로 여겨서 Y자형 나뭇가지나 넓적한 나무판(몸통에 해당)에 연결하여 만든 것도 있으며, 오리 모양의 몸통과 부리, 머리, 목 부분을 사실적으로 깎아서 만든 것도 있다.

이들 새를 만드는 재료 가운데 대체로 소나무, 참나무, 오리나무 등으로 만든 솟대는 위의 설명처럼 제작상의 다양함을 보여 주지만, 돌로 만든 솟대는 모두 두툼한 오리의 모양을 가진 것뿐이다.

그리고 이들 새 모양에 몇 가지 장식을 덧붙여서, 새의 성격을 구체화시키기도 한다. 곧 물새로서의 성격을 강조하기 위하여 부리에 갈대나 붕어 또는 잘게 자른 대살을 물리기도 하며, 날개를 사실

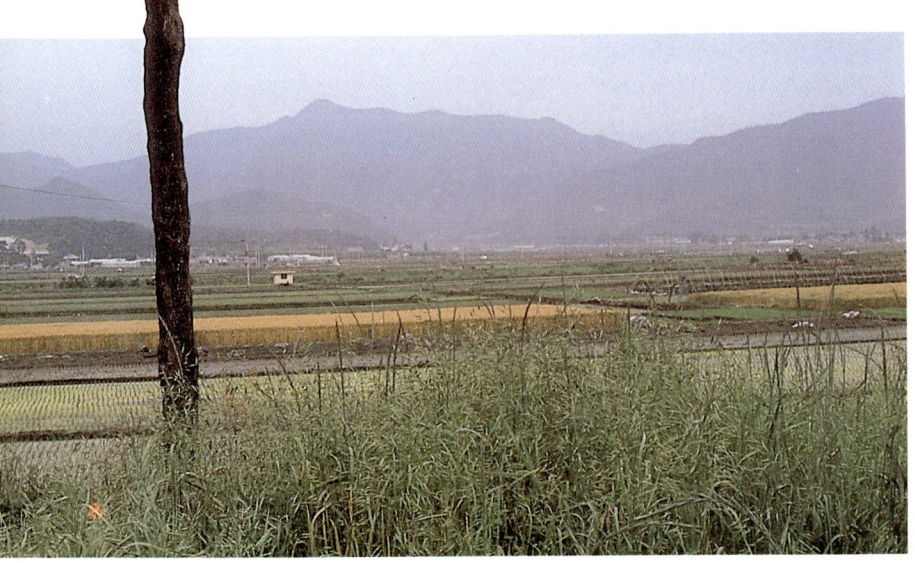

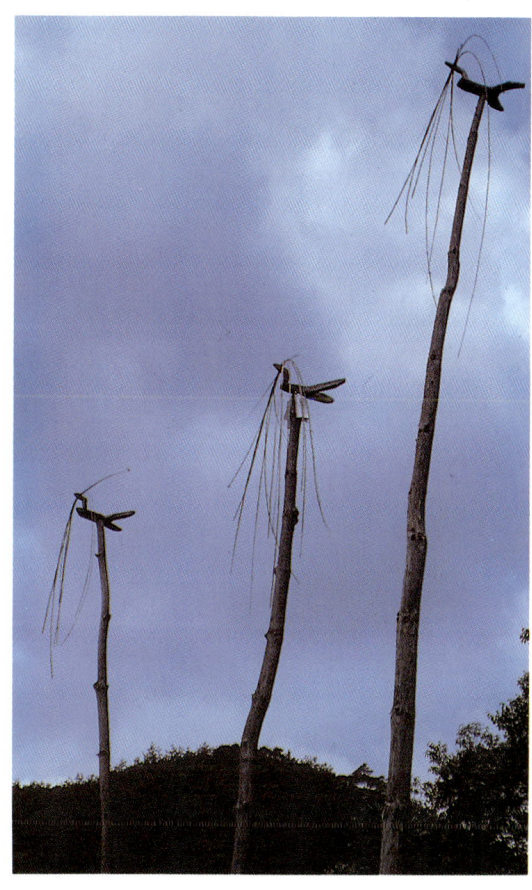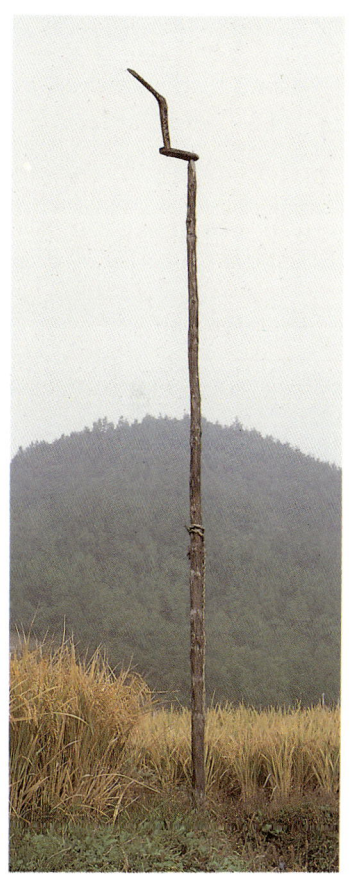

새의 모양 왼쪽은 Y자형 나뭇가지로 만든 것이다. 위 왼쪽은 전남 화순군 동북면
가수리에 세워져 있는 솟대의 새로 부리에 갈대나 대살을 물린 것이고 오른쪽은 충남
공주군 반포면 하신리의 솟대로서 ㄱ자 모양으로 간략하게 만든 것이다.

적으로 표현하려고 새의 몸통 양옆에 각각 한 개씩의 나뭇가지를 비스듬히 꽂아 놓거나 또한 몸통 양옆에 각각 짧고 길게 자른 대나무를 대여섯 개씩 꽂은 솟대도 있다.

43쪽 사진 또한 새의 몸통 뒷부분에 구멍을 파고 15센티미터 안팎의 나뭇가지를 꽂기도 하고, 다시 이 나뭇가지에 오리를 그려 넣은 조그만 깃발을 달기도 하는데 이것을 특히 수살대라고 한다. 이것은 새의 액막이 역할을 강화시키는 의미가 될 것이다. 이 밖에도 새에 검정 칠이나 기타의 채색을 베푸는 일도 있다. 그런데 급제 기념 솟대에도 일반 솟대에서와 같이 새가 앉혀지는 경우도 있지만 그것을 오리라고는 하지 않고 문과(文科) 출신자의 경우는 학으로, 무과(武科) 출신자의 경우는 봉이라고 부른다. 그리고 때로는 학과 봉을 대신하여 나무로 깎은 용을 앉히는데, 입에는 여의주를 물리고 단청을 베푸는 일도 있다. 또 높이 7, 8미터나 되는 소나무나 대나무 장대를 세우고 그 위에 붉은 꽃을 매다는 예도 있으나 이것은 매우 희귀한 예로서, 급제 기념 솟대로는 하나의 변형 솟대로 생각된다.

새의 머리 방향과 마리 수

솟대의 새 머리 방향은 일정하지는 않다. 새(오리)의 머리를 남쪽으로 두어서 우순풍조를 바라기도 하고, 반대로 새(기러기)의 머리를 북쪽으로 하여 비를 가져오게 한다는 마을도 있다. 또한 새의 머리 방향을 마을 안쪽을 보게 한 경우와 마을 바깥을 향하게 한 경우가 있는데, 특히 후자의 경우는 마을의 모든 액운을 오리가 밖으로 가지고 날아가라는 뜻이 있다고 한다.

그 밖에 새의 머리 방향을 마을 근처의 명산을 바라보게 하여 마을의 안녕을 비는 예도 있고, 풍수지리설에 의하여 새를 허한

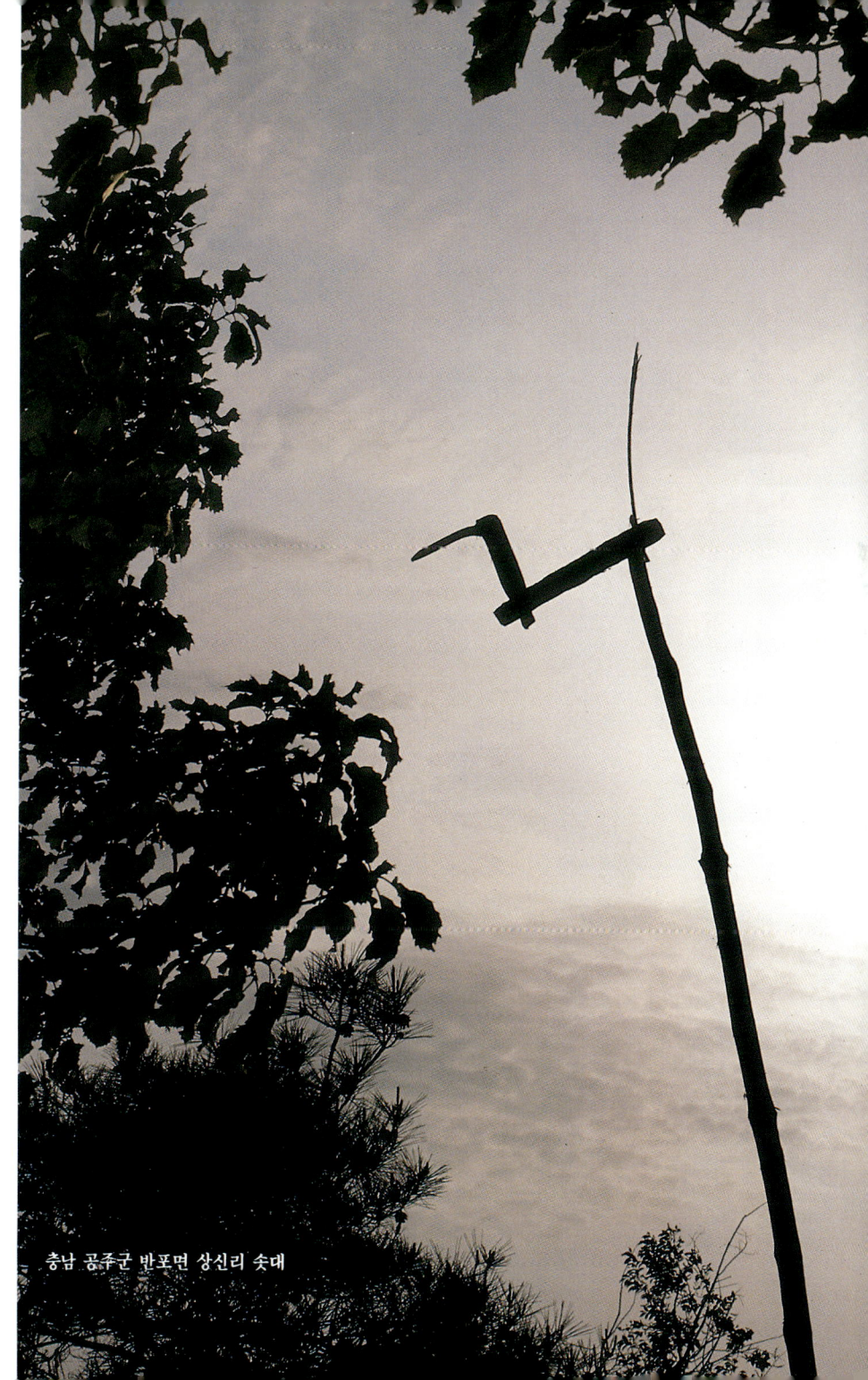

충남 공주군 반포면 상신리 솟대

45쪽 사진

방위 쪽으로 향하게 하여 액을 방지한다고도 한다. 급제 기념 솟대는 반드시 북쪽이나 한양 쪽에 방향을 두게 하여서, 국왕의 은덕을 기리게 하였다. 또한 때로는 새의 머리 방향을 한 해 걸러씩 남북쪽과 동서쪽으로 하기도 한다.

이렇듯 새의 머리 방향은 일정하지 않지만, 방향에 일정한 의미를 부여하고 있는 점은 주목할 만한 것이고, 이것은 새가 분명히 어떠한 기능을 하고 있음을 시사하는 것이다. 어쨌든 새의 머리 방향은 대체로 마을 입구 양쪽에서 마주 보게 하든지, 마을의 안쪽 또는 바깥쪽을 향하게 하여 마을의 안녕, 수호 그리고 풍농의 소임을 맡게 하였다.

그런데 솟대에 앉혀지는 새의 마리 수도 마을에 따라 달라서 한 마리, 두 마리, 세 마리의 경우가 나타난다. 대부분의 경우에는 한 마리의 새가 하나의 솟대에 앉혀져 있지만, 때로는 Y자형의 나뭇가지에 두 마리의 새가 마주 보기도 하고 장대에 一자형 나뭇가지를 가로로 접합시켜 T자형 나무 대를 만들어서 그 양끝에 앉히기도 한다. 또한 장대 위 끝 부분에 Y자형 나뭇가지를 가로로 뉘여서 접합시키고 Y자형 나뭇가지의 각 끝마다 동일한 방향으로 한 마리씩의 새를 앉혀서 모두 세 마리의 새를 올려 놓는다.

이러한 새의 마리 수에 따른 솟대의 유형이 각기 어떠한 의미를 지니는지는 확실하지 않다. 풍수지리설에 의하면 새는 반드시 마을의 허한 방위 곧 산이나 언덕으로 막혀 있지 않고 먼 곳에서도 쳐다볼 수 있게 트인 곳을 향해야 한다고 한다. 따라서 새의 마리 수도 마을의 허한 방위가 한 곳이면 한 마리, 두 곳이면 두 마리, 세 곳이면 세 마리가 솟대 위에 앉혀져야 한다는 것이다.

실제로 전북 고부의 솟대 새는 한 마리였는데, 그 마을에서 허한 방위가 하나였고, 경남 군북의 시장 중앙에 세워진 솟대 위에는 세 마리의 새가 있었는데, 이 시장으로 통하는 길이 세 곳에 있었다

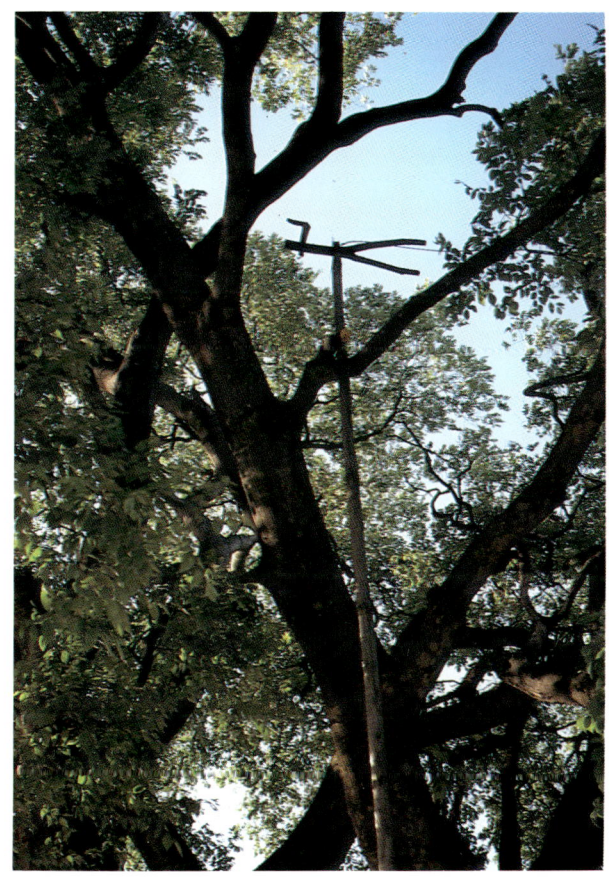

새의 마리 수 솟대에 앉혀지는 새의 마리 수도 마을에 따라 한 마리, 두 마리, 세 마리의 경우가 나타난다. 대부분의 경우에는 한 마리의 새가 하나의 솟대에 앉혀진다. 전북 부안군 보안면 우동리 소재.

47쪽 오른쪽 사진

고 한다. 그러나 지역적으로는 두 마리 새의 솟대 유형은 전북 무주와 남원, 부안 그리고 강원도 일부에서 나타나고 세 마리의 새를 앉힌 솟대는 강원도 해안 지방에 보다 많이 분포되고 있어서 솟대의 새의 마리 수가 구체적으로 어떠한 뜻을 지니는지 아직 확실하지 않다.

솟대 위의 새 원래 새가 세 마리 였으나 떨어져 나가 두 마리로 보인다. 강원도 삼척군 이로면 고천리 소재. (아래)

새가 두 마리인 경우 전북 계화군 계화면 대벌리의 할머니 당산으로 두 마리 새가 나란히 앉혀진 경우이다.(오른쪽)

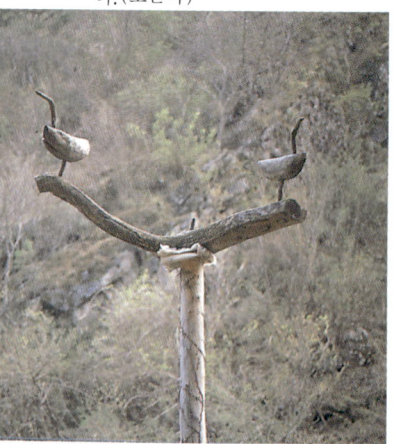

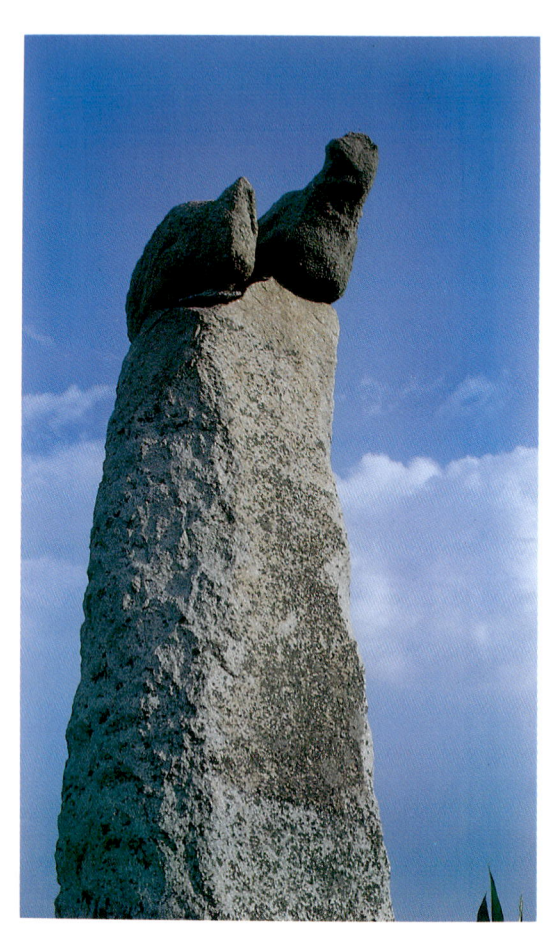

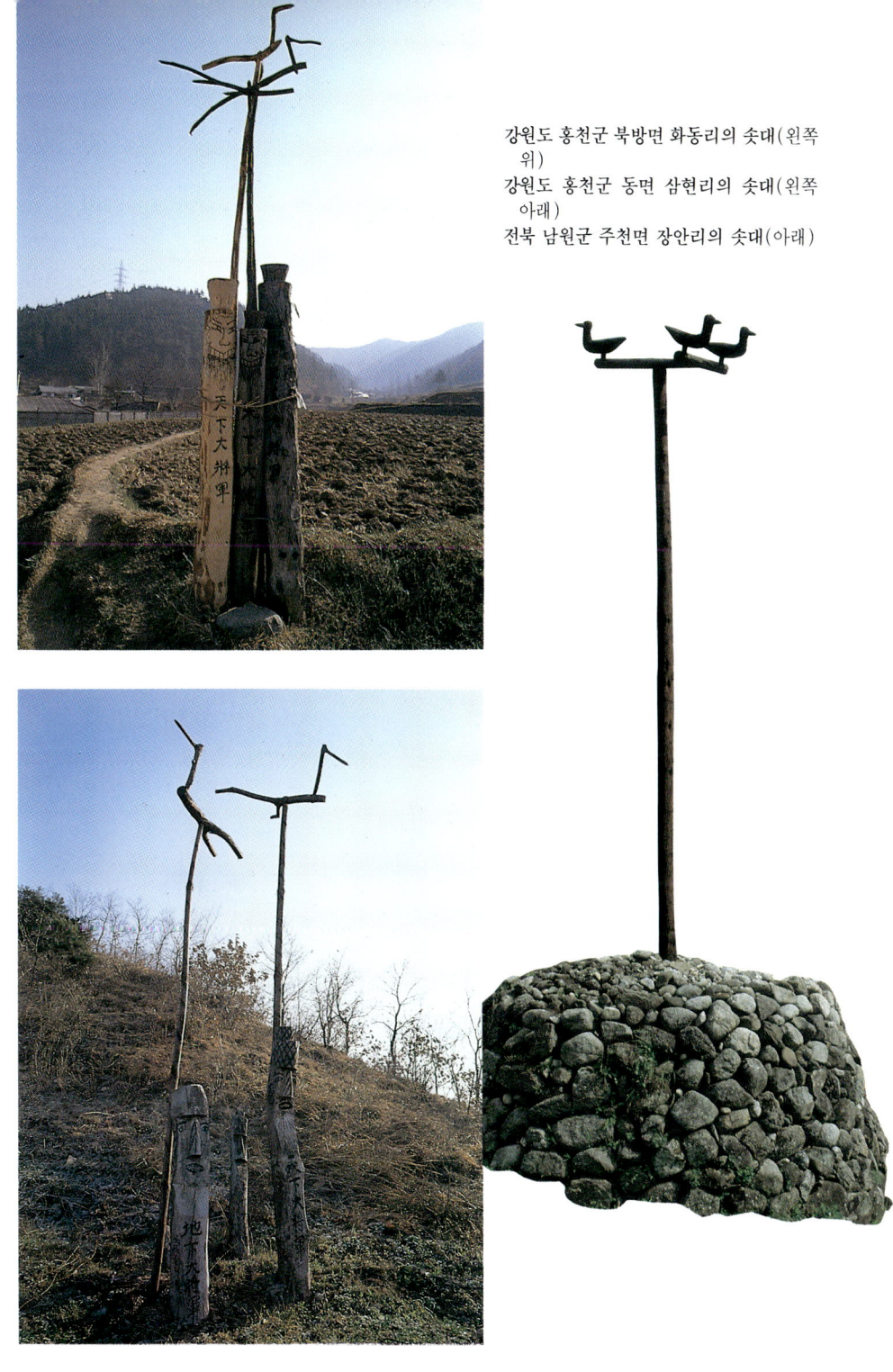

강원도 홍천군 북방면 화동리의 솟대(왼쪽 위)

강원도 홍천군 동면 삼현리의 솟대(왼쪽 아래)

전북 남원군 주천면 장안리의 솟대(아래)

솟대의 구성 요소와 기능

장대와 그 기능

신앙 대상물로서의 솟대를 구성하는 것은 장대와 그 위에 앉힌 새이다. 장대는 새를 앉히기 위한 단순한 수단으로 보이고, 그것이 어떠한 의미를 지니는지는 쉽게 이해되지 않는다. 그러나 새를 앉힌 장대를 오리, 까마귀 등의 이름으로 부를 때도 있지만 그것의 전체 모습을 표현하여 솟대, 짐대란 명칭도 많이 쓰이는 것을 보면 장대에 대하여도 중요한 인식이나 믿음이 있었던 것으로 보인다. 그리하여 새의 부리나 목에 예단을 걸어 바치는 일말고도 장대에 통북어, 실타래, 헝겊, 왼새끼줄, 소와 돼지의 아가리뼈 등을 폐백으로 매달아서 깊은 신앙심을 나타내기도 한다.

행주형 지세의 솟대에서는 간혹 새를 앉히지 않았지만 짐대라 하여 신앙의 대상이 되며 전남 진도의 일부 마을에서는 짐대가 제장 (祭場)의 표식으로 또는 마을의 경계표로 기능하는 것을 보아도 장대 자체에 대한 인식이나 믿음이 전혀 없다고 보기는 어렵다.

세계의 많은 지역에서 장대나 기둥(Poles and Posts)은 종교적이며 주술적인 의미를 지닌다. 어떠한 신전이나 사당에서도 기둥은 필수물이었으며, 성역(聖域)의 경계를 확정시켜 주는 구실을 하였다. 그래서 이러한 기둥을 무너뜨리거나 베어서는 절대로 안 되었다. 기둥이 꺾이는 것은 파국을 의미하였고 그것은 세계의 종말과 같은 것이었다.

흔히 '집안의 기둥이 쓰러지면 자식이 죽거나 집안이 망한다'라는 속신어도 기둥의 종교적 상징성을 나타내는 것으로 생각된다.

기둥은 장대나 돛대 그리고 나무와 마찬가지로 세계축(the world-axis)과 관련되어 있었다. 북아시아 샤머니즘의 기본 우주 관념에서는 상계, 중계, 하계라는 3개의 우주층이 있다 한다. 3개의 우주층은 세계축에 의하여 서로 연결되어 있기 때문에 각 우주층 사이의 교통이 바로 세계축을 통하여 가능한 것이라 한다. 따라서 세계축의 의미를 지닌 장대는 초자연적 존재가 지상으로 하강하는 교통로가 되기 때문에 신들을 불러모으는 역할을 하는 것으로 여겨진다. 이 점 때문에 때로는 장대 자체를 신앙의 대상으로 한다.

예컨대 삼한(三韓) 사회의 소도에 있어서 방울과 북을 단 대목(大木)을 중심으로 종교 의례가 베풀어졌다거나, 제주도에서는 2월 초하루에 목간(木竿) 열두 개를 세워서 신령을 맞이했다는「동국세시기(東國歲時記)」의 기록은 대목과 목간이 신의 하강처 내지 교통로로서 신앙의 대상이었음을 잘 나타내 준다.

제주도 서귀포의 산왕제(山王祭) 때에 집의 사방 또는 팔방에 대나무 신간(神竿)을 세워서 사방 팔방의 신령을 부르는 영기(靈旗)나 은산 별신제, 하회 별신굿, 강릉 단오제를 비롯해서 각 동제에서 방울을 단 신간도 모두 신의 하강로로 여겨지며, 때로는 그것이 신체(神體)로서 신앙의 대상이 되기도 한다.

장대가 갖는 이러한 신체의 성격 때문에 서낭대나 농기도 신성성을 지닌다. 예컨대 동제 때에 부정한 사람이 참가하고 있으면 서낭대가 그 사람을 내리친다든가, 두레 싸움의 대부분이 농기에 대한 신성과 권위 문제에서 비롯되었으며, 동제가 끝나고 사람들이 다른 마을을 방문하였을 때 그 마을에서 푸대접하였을 경우, 영기(令旗)로 땅을 긋고 나오면 그 마을이 좋지 않다는 것이다.

한편 장대에 신이 내리는 기능을 강화하기 위해서 장대에서 제상까지 긴 무명을 걸쳐 연결해 놓기도 하고 신대에 방울을 단다든가 버리줄을 늘이기도 한다. 북과 방울도 하늘과 지상을 연결시켜 주는 매개체로서 의미가 있기 때문에, 샤만과 같은 종교 직능자를 초인간적인 세계로 보내 줄 수 있으며 또 그 소리로 정령을 불러낼 수 있다. 소도 대목에서의 방울과 북의 의미나 청동기 유물인 장대투겁, 신대에 매다는 방울을 하늘에서 내려 주었다는 여러 전설들, 신이 내리면 방울이 울린다는 믿음 그리고 북과 방울이 중요한 종교적 악기로 쓰이는 점을 생각하면 장대와 북, 방울이 지니는 상관적 의미는 분명하다 하겠다.

이러한 장대의 중요한 종교적 상징성 때문에 예전에는 솟대 만들 재료인 나무를 10년 동안 신성하게 길러서 일정한 의식을 거친 뒤 벌목하여 쓰던 예가 있었고 요즈음에도 신성성이나 의식이 많이 퇴화하기는 하였지만 벌목 때에 일정한 의식을 거치는 것이다.

61쪽 사진

예컨대 충북 옥천군 동이면 청마리 마티 마을에서는 장승과 솟대 만들 나무를 베어 낼 때에 제주(祭主)가 나무에 간단한 제사를 지내면서 "이 나무는 동민(洞民)이 산주(山主)와 협의하여 빌렸으니 산신님도 그리 아시오"라고 하여 이 나무가 산신의 묵인 아래에 선택되고 쓰여짐을 분명히 한다. 전북 고창군 신림면 무림리에서는 짐대 만들 나무를 산에서 베어 올 때 반드시 조그만 내라도 건너야만 효험이 있다고 생각했다. 오리가 물새라서 물을 건넌 곳의 나무라야 된다는 것이다.

또한 솟대는 가능하면 사람의 손길이 전혀 닿지 않고, 말과 소의

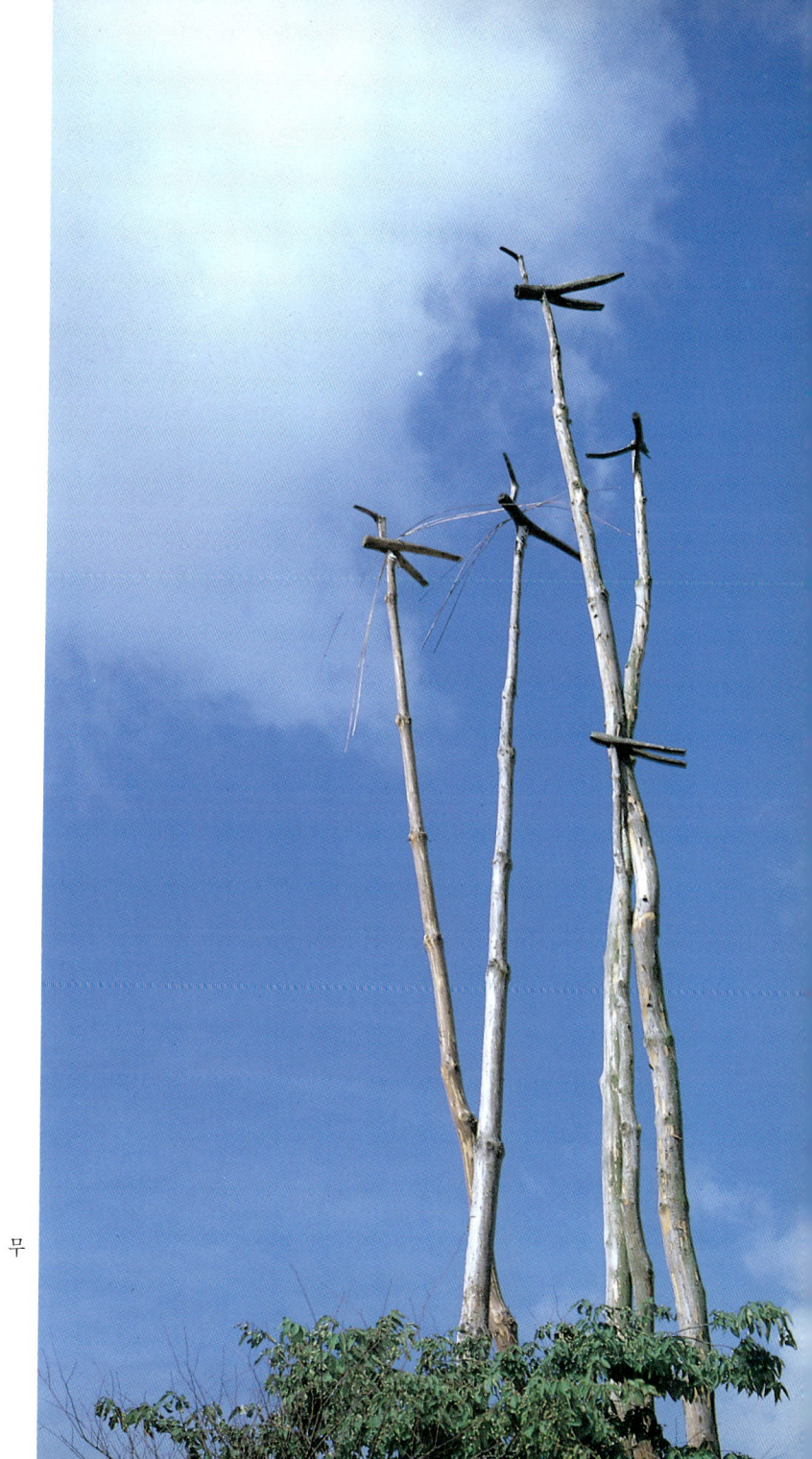

전북 고창군 신림면 무
림리의 솟대

소리도 들리지 않는 깊은 산에서 고요하게 생장한 나무로 만들어야 효험이 있고 그 나무 자체도 깨끗하고 반듯하게 자란 것을 택한다. 그리고 나무를 베어 오는 사람도 깨끗해야 한다.

이런 솟대는 높을수록 좋고, 또한 넘어지지 않고 오래 갈수록 상서로운 것으로 여긴다. 그래서 특히 급제 기념의 솟대가 이삼십 년을 넘어지지 않고 능히 보존될 때에는 그것을 세운 목수가 주인으로부터 조 여러 석을 상품으로 받았다고 한다.

또한 장대는 세계축이나 신의 교통로로서의 역할 말고도 그 자체가 갖는 신성성 때문에 성역에 잡귀가 접근하는 것을 막아 주기도 한다. 제주도 무당굿에서의 군문기나 동해안 지역 별신굿의 허짓대, 은산 별신대의 진대 등은 그 좋은 사례이다. 간혹 손님(마마신)을 예방하기 위하여 정월 보름에 깃대를 지붕에 세우고, 활을 매단 유지지를 세우는 것도 역시 잡귀를 방지하는 의미가 된다.

현재 민속상의 솟대에서 장대가 우주축이나 신과 인간과의 교통로로서 기능하는 것 같지는 않다. 이제 그러한 흔적은 거의 찾아볼 수 없다. 오늘날은 다만 액막이와 농경 보조 신으로서의 성격이 두드러질 뿐이다.

곧 많은 마을에서 농경에 절대적으로 필요한 우순풍조를 희구하고 또한 보장하기 위해서, 솟대의 장대를 용으로 간주하려는 의도가 53쪽 사진 엿보인다. 장대에 먹이나 왼새끼줄로 용틀임이라 하여 나선형으로 감아 올리며 때로는 푸른색과 붉은색 헝겊으로 역시 비스듬히 감아 올린다. 강원도 홍천군 북방면 본궁리에서는 솟대를 용대라고까지 부르는데 이 점은 솟대가 지니는 풍농 보장의 성격을 잘 보여 준다. 용틀임은 용이 하늘로 잘 올라가야 비가 순조롭다는 생각에서 베풀어지는 것인데 언젠가 용을 나란히 그리지 않고 X자 모양으로 55쪽 사진 꼬이게 그렸더니 홍수가 졌다는 것이다. 또한 호남의 일부 마을에서는 줄을 오리 당산의 하부에 친친 감아 놓고, 이를 용이라 하여 화재

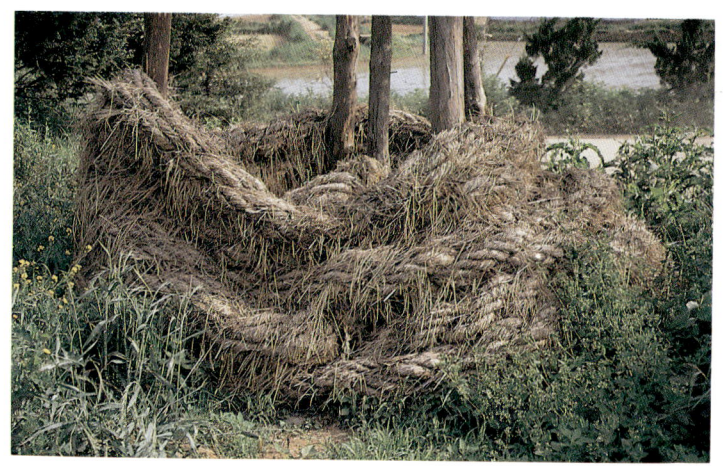

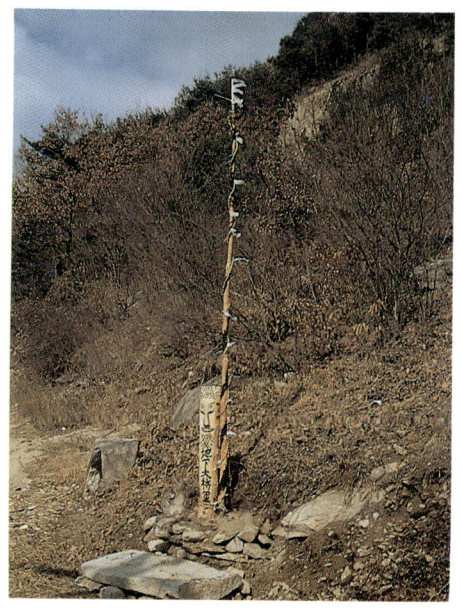

줄로 당산에 옷을 입힌 모습 전북 고창군 신림면 무림리 소재.(위)
솟대의 장대에 먹과 왼새끼줄로 용틀임을 한 모습 충남 공주군 반포면 하신리 소재.
(아래)

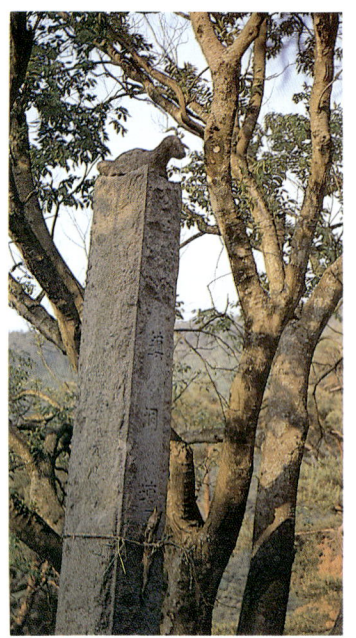
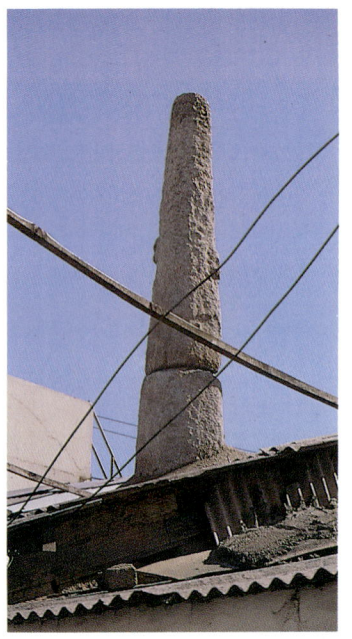

경북 군위군 부계면 대율동의 솟대　　　전북 부안군 부안읍 남문안 당산

를 방지하는 보조 신 정도로 생각한다. 한편 전북 부안읍의 남문안 당산에는 네 마리의 거북이 돌기둥 네 면에 새겨져 있는데 이것도 용이 갖는 수신(水神)으로서의 의미와 동일하다 하겠다.

　아무튼 솟대의 장대, 용, 우순풍조, 농경의 성공 등이 상호 관련된 신앙 체계를 형성하는 듯이 보인다.

　그러나 한편 단편적인 고고학, 인류학 자료나 역사 문헌 자료를 통하여 볼 때 '새를 앉힌 장대'가 우주축이나 신과의 교통로, 성역이나 제의의 표시 등으로 고대 사회에서 기능했었던 사실을 전혀 알 수 없는 것은 아니다.

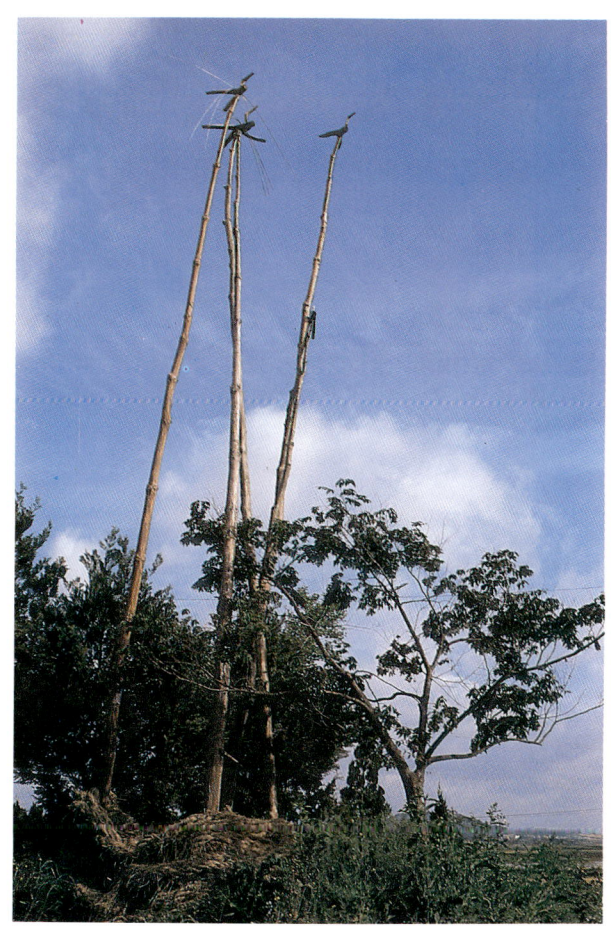

줄을 감은 당산 호남의 일부 마을에서는 줄을 오리 당산의 하부에 친친 감아 놓고, 이를 용이라 하여 화재를 방지하는 보조 신 정도로 생각한다. 전북 고창군 신림면 무림리 소재.

행주형 지세의 솟대는 배 모양의 마을 지세를 안정되게 하는 돛대의 구실말고도 홍수 속에서도 살아남게 하는 구원의 돛대이기도 하다. 곧 오리를 앉힌 돛대에는 우주축의 관념이 숨어 있는 듯하며, 우주축이 있는 이러한 거룩한 땅은 대홍수에 의해서도 잠기지 않는다는 믿음이 있었던 것으로 보인다.

행주형 지세의 솟대와 유사한 기능을 하는 충북 청원군 강외면 쌍청리 소재의 선바위는 아무리 비가 와도 가라앉지 않는다는 전설이 있다. 홍수의 피해에도 가라앉지 않는 중심석의 기능을 하는 선돌인 것이다. 특히 행주형 지세와 홍수에 대한 전설 그리고 오리를 앉힌 진동단(鎭洞壇)이 상호 관련된 신앙 체계를 구성하고 있는 경북 군위군 부계면 대율동은 그 좋은 사례가 된다. 이러한 경우 오리는 '홍수의 새'일 가능성은 매우 높다. 또한 경북 영일군 기계면 문성동 마을에서는 마을 입구의 선들바위(실제는 거대한 남방식 고인돌) 옆에 있었던 솟대(오리를 앉힘)를 성주 기둥이라고 불렀다는데 이는 아마도 마을 기둥, 세계 기둥이란 관념이 있었던 흔적을 보여 주는 것일지도 모른다는 생각이 든다. 곧 집안의 평안과 부귀 일체를 관장하는 최고의 가택신인 성주가 마을 전체의 안녕을 주관하는 마을신으로 확대 인식되고 또한 성주가 집안의 제일 정결한 곳으로서 가옥의 중심이 되는 곳에 신체가 봉안되듯이, 마을 입구의 성역에 기둥(솟대)을 세운 것으로 여겨진다.

한편 '오리를 앉힌 신간(神竿)'에 대한 시베리아와 몽고의 자료는 오늘날 잃어버린 솟대의 원래 의미를 추정하는 데 다소의 도움이 된다. 곧 시베리아 레페티카 산맥(M. Lepetikha) 부근의 쿠르간 무덤에서 출토된 청동제 장대투겁(bronze standard tops)은 우리나라 장대투겁 위에다 새만을 덧붙여 앉힌 형태인데(그림1 참조), 이 새역시 부리가 넓적하고 몸통이 두툼한 것으로 보아 오리과의 물새로 추정된다. 이것은 스키타이의 청동 제품으로서 장대투겁류의 신간

100쪽 그림

(이 속에 방울이 들어 있다)과 물새의 결합형으로 보인다.

한편 징기스칸이 13세기에 세운 몽고 제국의 수도 캐라코룸 왕궁의 입구에는 은으로 된 나무가 있었는데, 이 꼭대기에는 네 마리의 오리가 앉아 있어서 각각 술, 말젖, 꿀차, 쌀술을 뿜어 내고 있었다. 그런데 이 은빛 나무의 의미는 북아시아 여러 종족의 세계나무와 견주어 볼 때 명백하다. 곧 캐라코룸의 은빛 나무와 오리도 세계나

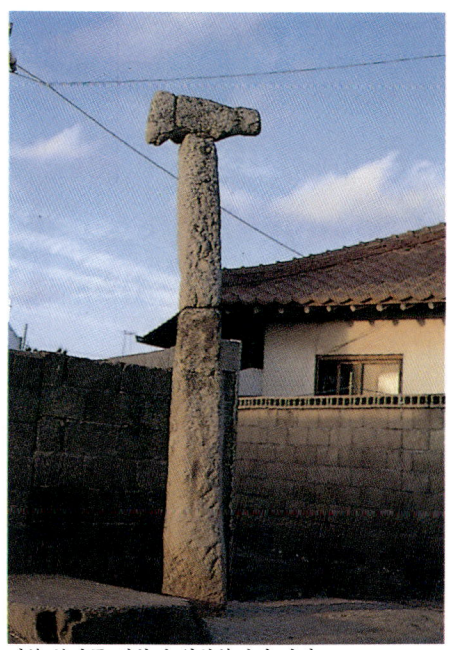

전북 부안군 계화면 원창북리의 당산

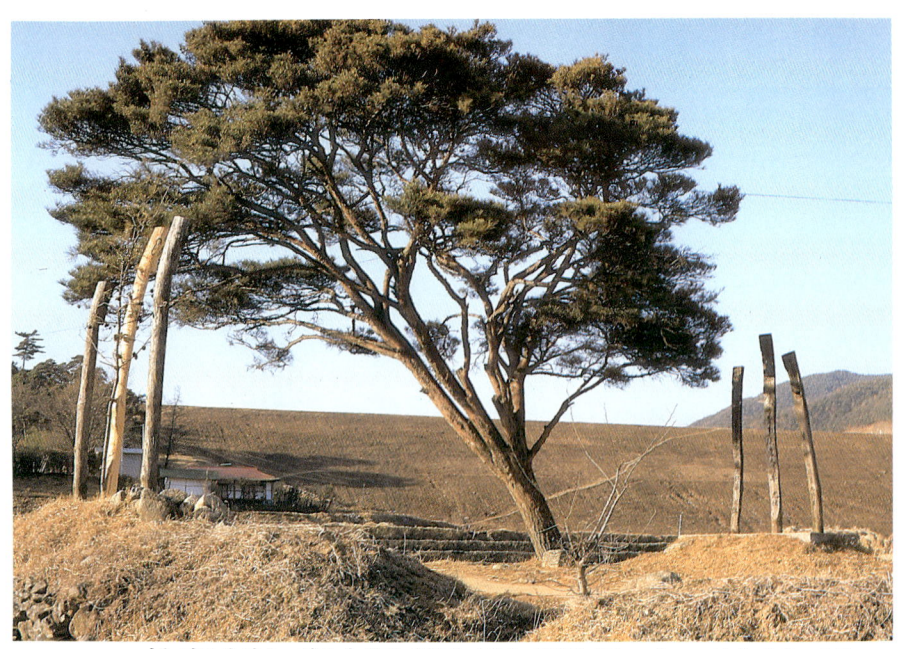

마을 입구의 장승 인간에 의해 개척된 마을은 성역화되었고 바로 그곳이 신의 보호를 받는 세계의 중심지임을 나타내기 위하여 장승과 솟대는 세워졌던 것이다. 충남 청양군 정산면 천장리.

무(생명나무, 우주축)와 물새의 결합형인 솟대로 볼 수 있다.

요컨대 우리의 솟대 신앙도 원래는 세계나무와 물새의 결합으로 이루어진 신앙 형태가 아닌가 생각된다. 지금은 솟대의 장대가 크게 종교적 상징성을 나타내지는 않지만 예전에는 세계나무로서의 기능을 했던 것으로 추정된다.

인간에 의해 개척된 각각의 마을은 성역화되었고, 바로 그곳이 신의 보호를 받는 세계의 중심지임을 나타내기 위하여 솟대는 세워졌던 것이다. 그리고 이러한 신간은 그것이 갖는 신성성, 초월성 때문에 잡귀를 쫓는 데에도 중요한 구실을 했던 것으로 보인다.

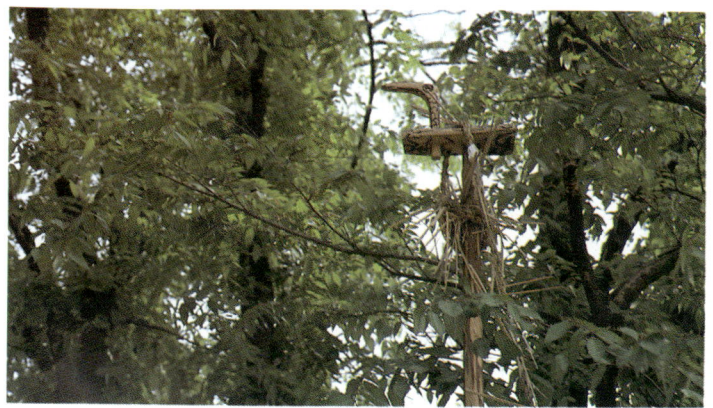

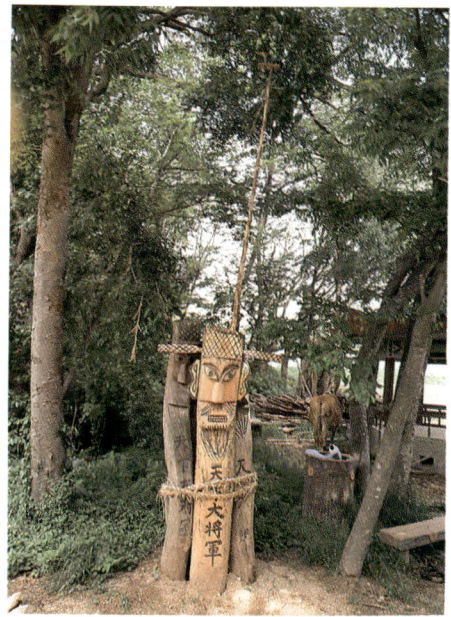

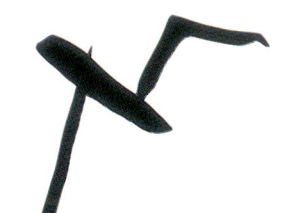

솟대 아래는 천하대장군과 솟대가 함께 세워진 모습이고 위는 새의 형상이다. 충남 연기군 전의면 대곡리 소재. 오른쪽은 연기군 전의면 관정리의 솟대이다.

새와 그 기능

솟대의 새는 오리, 기러기, 갈매기, 따오기, 해오라기, 왜가리, 까치, 까마귀 등으로 다양하게 관념되지만 대부분의 지역에서는 오리가 주류를 이루며 남해안 일부와 제주도에서는 까마귀가 일반적이다. 그런데 까마귀를 제외한다면 나머지 모든 새는 거의 물새인 점이 주목된다. 결국 솟대의 새는 오리와 까마귀의 두 종류로 볼 수 있다.

오리

오리는 우리나라의 대표적인 철새이자 물새로서 솟대 신앙에서 매우 중요한 종교적 상징성을 지닌다. 흔히 솟대는 오리 또는 오릿대로 통하며 실제로 부리를 넓적하게 하고 몸통을 두툼하게 깎아서 오리임을 명확히 나타내기도 한다. 지금도 오리와는 전혀 관계가 없고 별로 기르거나 본 적이 없는 마을에서도 솟대의 새를 오리라고 생각한다. 이는 다른 지역의 마을로부터 전해 온 문화 요소일 것이다.

속담에서조차 '오리 새끼는 길러 놓으면 물로 가고, 꿩 새끼는 산으로 간다'고 하는 표현과 같이 오리는 일상 생활에서 흔히 접하는 대표적인 물새이다. 더구나 오리에게 물고기나 갈대를 물게 하여 물과 관련 있는 새임을 강조하고 있다. 더불어 물고기를 물고 있는 오리의 모습은 그 자체가 풍요로움을 상징해 주기도 한다.

61, 62쪽 사진

오리는 오리과의 작은 물새를 통틀어 말하는데 일부 텃새도 있지만 대개는 가을에 북녘에서 번식하여 우리나라로 남하 이동해 오는 겨울 철새이다. 오리는 거의가 낙동강 하구를 중심으로 한반도 중부 이남의 호소, 초원, 하천, 해안, 간척지, 밭과 논 등 농경지 및 해안의 경지에서 서식한다.

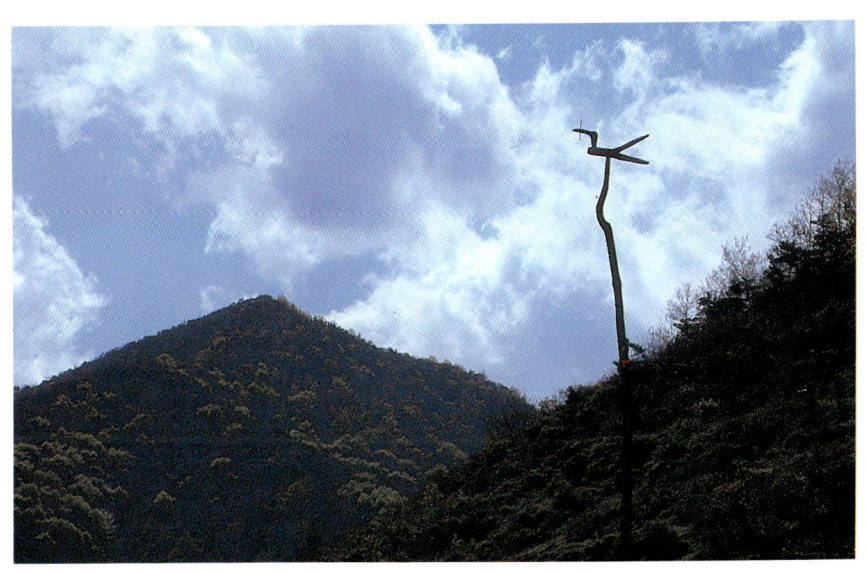

오리 속담에서조차 '오리 새끼는 길러 놓으면 물로 가고, 꿩 새끼는 산으로 간다'고 하는 표현과 같이 오리는 일상 생활에서 흔히 접하는 대표적인 물새이다. 더구나 오리에게 물고기나 갈대를 물게 하여 물과 관련 있는 새임을 강조하고 있다. 충북 옥천군 동이면 청마리 마티 소재.

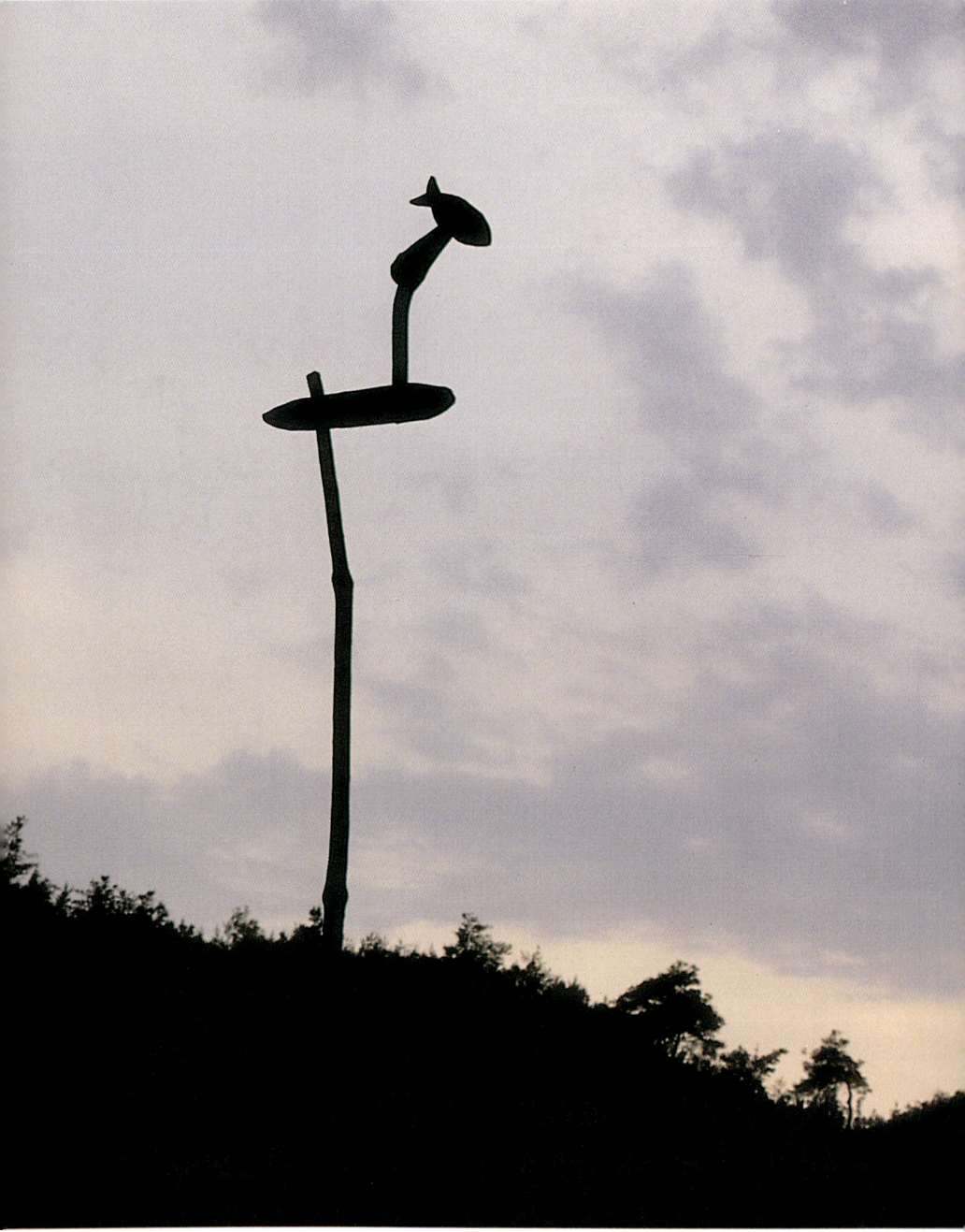

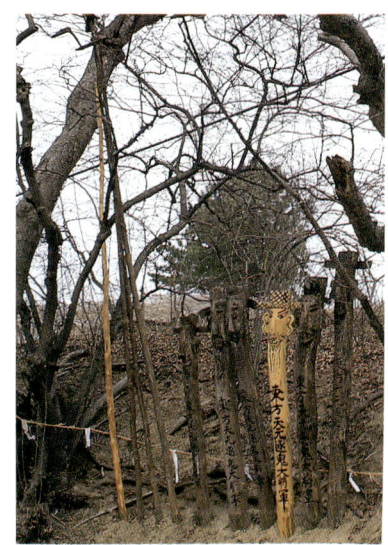

오리 물고기를 물고 있는 오리로서, 그 모습 자체가 풍요로움을 상징해 준다. 충남 공주군 탄천면 송학리 소재.(왼쪽, 위)

그 밖에 오리는 다산성이라는 또 다른 특징이 있다. 닭이 일 년에 생산할 수 있는 알의 수는 약 220개 정도이나 오리의 어떤 종류는 약 300 내지 360개까지 알을 친다. 물론 오리가 치는 알의 평균 수는 이보다 훨씬 떨어지나 오리는 닭보다 크고 무거운 알을 보다 많이 낳는다. 그래서 서유럽과 중근동 지방, 중국 등지에서는 고대로부터 흔히 오리알을 식용으로 즐겨 왔다.

이와 같이 오리가 갖는 특성으로는 물새, 철새, 다산성을 들 수 있는데, 이에 대한 종교적 상징성은 다음과 같다.

먼저 물새로서의 오리는 물 위를 떠다닐 수 있고, 때로는 잠수(潛水) 활동을 하기에도 알맞은 신체적 특징을 갖고 있다. 머리, 목, 몸체는 길면서도 유선형이며 다리는 몸체 뒤쪽에 있고, 발에 물갈퀴가 있다. 잠수할 때에는 날개가 방향 키의 구실을 하며 발질을 하여 물 속으로 들어갈 수 있다. 오리의 잠수 능력은 청둥오리가 1미터 남짓 그리고 쇠오리, 비오리는 그 이상이지만 결국 아주 깊이 들어가는 것은 아니다. 그러나 오리의 잠수 능력은 수계(水界)나 지하계와 관련하여 중요한 종교적 의미가 있다.

곧 물새는 하늘, 땅, 물을 그 활동 영역으로 하고 있기 때문에 하늘과 땅만을 활동 영역으로 삼는 일반의 들새, 산새보다는 종교적 상징성을 지니기에 충분하다.

또한 오리는 물과의 밀접한 관련성으로, 비와 천둥을 지배하는 천둥새(Thunder Bird)의 속성도 지닌다. 동부 사모예드족은 천둥새를 오리와 동일시하는데 이러한 오리가 재채기를 할 때에는 비가 온다고 믿는다. 때로는 오리의 꽥꽥거리는 시끄러운 울음소리 때문에 천둥새는 '철로 만든 새(The Iron Bird)'라고도 생각한다. 야쿠트족도 오리가 비와 천둥의 지배자라고 생각했다.

그런데 이러한 천둥새로서의 오리는 벼농사를 위주로 하는 농경 마을에서는 비를 가져다 주는 농경 보조 신으로서 발달 정착되었

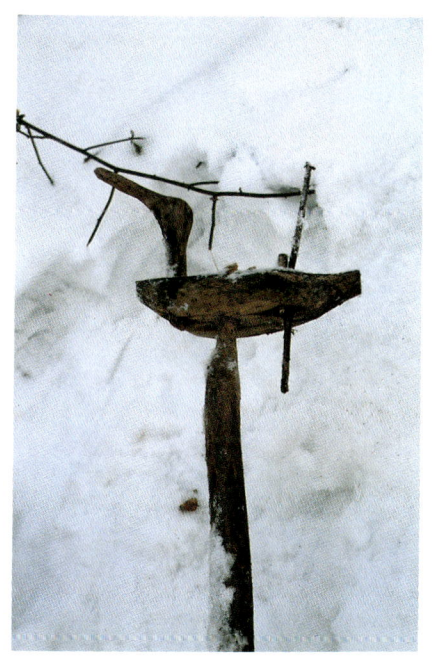

오리 모양 장대 위의 오리는 몸통과, 부리, 목 부분을 사실적으로 깎아서 만든 것도 있다. 충남 연기군 전의면 관정리의 솟대 모습이다.

다. 벼농사 위주의 한강 이남의 농경 마을에 오리를 앉힌 솟대 신앙이 보편적으로 발달하고 존속되어 왔던 배경은 바로 그러한 천둥새 관념이었을 것으로 생각된다. 오리가 비를 가져다 주기 때문에 농사를 짓는다는 믿음이 있는 것이다.

오리는 전형적인 물새이며 잠수조이기 때문에 홍수에서도 살아남을 수 있는 불사(不死)의 새로도 생각되었다. 행주형 지세의 솟대에 보이는 오리는 마을을 인도하고 안정되게 하는 역할도 하지만 마을을 홍수나 재해로부터 구원할 수 있는 능력의 새이기도 하였다.

전남 장성군 북하면 송정리와 남면 선창 마을에는 물오리가 물의 높이(水高) 측정과 홍수의 재해를 막아 준다고 하는 믿음이 아직도 전해 온다. 행주형 지세의 돛대에 해당하는 선돌에 간혹 가로 눈금이 새겨져 있는 것은 아마도 물 높이 측정을 위한 것일지 모른다. 또한 경북 영양군 수비면 계리 갱두들에는 지형이 행주형이라 하여 오리를 단 돛대를 세웠는데 이 경우 오리는 홍수의 새로 보아야 할 것이다.

이와 관련하여 이규보(李奎報)의 「동국이상국집(東國李相國集)」 '동명왕편(東明王篇)'에 보이는 다음 귀절은 매우 흥미롭다.

그 사슴의 구슬픈 울음소리는 하늘에까지 이르렀다. 7일 동안의 장마에 송양의 왕도(王都)는 물에 잠겨 버렸다. 이때 (주몽)왕은 갈대줄로 강을 질러 놓고 오리말을 타고 있었다. (주몽의) 백성들은 모두가 그 줄을 붙들고 있었다. 주몽이 채찍으로 물에 금을 그으니 물이 줄었다.

(其鹿哀鳴聲 徹于天 霖雨七日 漂沒松讓都 王以葦索橫波 乘鴨馬 百姓皆執其索 朱蒙以鞭畵水 水即減)

곧 홍수 속에서 주몽과 그의 백성들이 살아남기 위해서 오리말

(鴨馬)과 갈대줄을 사용했다는 것인데 오리말이란 오리처럼 생긴 말로서 홍수 속에서도 능히 살아남게 할 수 있는 일종의 신마(神馬)였던 것이다. 이것은 말과 물새인 오리를 연결지어 만든 구원의 존재임이 분명하다. 이 기록 역시 오리와 홍수의 관계에 대한 중요한 자료이다.

한편 오리는 물의 속성을 지니기 때문에 화재를 막아 준다고도 믿어진다. 전북 정읍군 산외면 목욕리와 진안군 마령면 사곡리 그리고 고창군 신림면 무림리에서는 매년 정초에 '오리는 물에서 사는 짐승이라 화재를 방지한다' 하여 솟대를 세웠다고 한다.

오리의 또 하나 특성은 철새란 점이다. 철새는 계절이 바뀌는 변화를 암시해 주고 초자연적 세계로의 여행을 의미히여 산 자와 죽은 자의 세계를 넘나드는 영혼의 순환적 여행을 뜻하기도 한다. 그리하여 퉁구스족은 오리가 되돌아오는 것을 영혼의 이주(移住, a kind of migration of the soul)라고 생각한다.

또한 오리는 백조가 그렇듯이 영혼 자체를 뜻하며, 아마도 그 주기성 때문에 죽음을 극복하는 승리 혹은 부활의 의미를 지니기도 하였다. 야마도다게루노미고도(日本武尊)의 영혼이 백조가 되어 하늘로 올라갔다든지, 퉁구스족이나 부리야트족의 백조에 대한 신성한 감정은 모두 그러한 종교적 맥락과 관계된다. 부리야트족은 백조가 다시 날아올 때에는 백조에게 제사술(libation)을 바치고 여인네들은 봄철에 처음 본 백조에게 소원을 비는 것이다.

이렇게 철새는 일정한 계절을 주기로 하여 나타났다가 다시 사라지기도 하여서 충분히 신앙의 대상이 될 수 있는 새였다. 철새는 이승과 저승을 그리고 인간의 세계와 신의 세계를 넘나드는 신조(神鳥)라고 생각했던 것이다. 시베리아 샤만이 천계에의 여행에 오리형 의상(The Costume-Reindeer)을 사용하는 것은 그러한 이유에서였다.

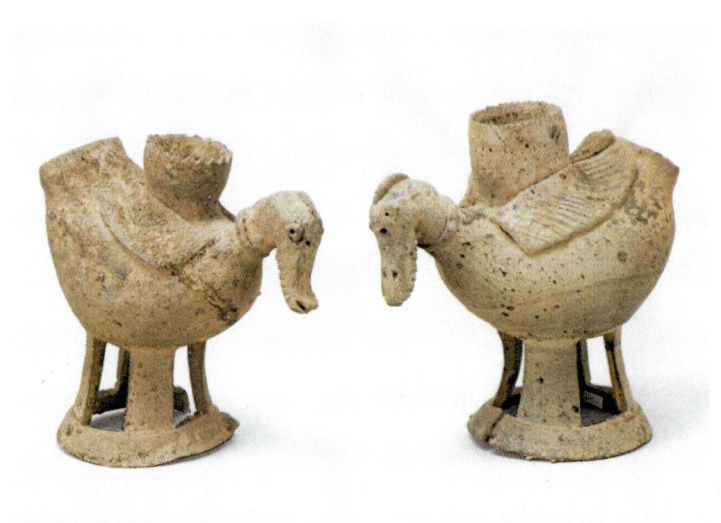

오리형 토기 삼국시대의 오리형 토기는 특히 가야 지역에서 많이 출토되고 있다. 이
지역에서 벼농사를 위한 물과 관련된 오리가 신앙의 대상이 되고 그것이 토기로 제작
되었음은 자연스러운 현상으로 생각된다.

그 밖에 철새가 갖는 주기성이 농경에 필요한 비를 가져다 주는 계절풍의 주기와도 관련있을지 모른다. 실제로 일부 마을에서는 솟대 위의 오리를 정남향으로 해서 우순풍조를 기원했던 것이다 (오리는 북녘에서 날아오지만, 오리가 남쪽으로부터 비를 몰고 온다는 상반된 믿음이 있다). 곧 물새류의 철새인 오리가 농경에 필요한 물과 관련되어 정착 농경민들에게 충분히 신앙의 대상이 되었음직하다.

물새류의 철새와 농경과의 밀접한 관계에 대해서는 다음의 북아메리카 인디언의 신앙 체계 속에 잘 반영되어 있다. 곧 북아메리카의 만다족과 미니타족은 '결코 죽지 않는 노파'가 농작물을 성장시킨다고 믿고 있는데, 노파는 봄이 되면 농경의 징조니 대표지로서 철새를 파견한다고 한다. 갖가지 새가 그들 종족이 재배하는 각종 작물을 대표하고 있다. 야생의 거위는 옥수수, 야생의 고니는 표주박, 야생의 오리는 콩을 대표하고 있다는 식이다. 가을이 되면 철새는 노파에게로 돌아간다고 믿는다.

이 점과 관련하여 삼국시대 동물형 토기 가운데 오리형 토기가 많이 있고, 그것도 대구에서 함안에 이르는 낙동강 하류 좌우의 비교적 좁은 지역에서 집중적으로 출토된다는 점은 매우 시사하는 바 크다. 이들 가야 지구가 오리형 토기에서는 적어도 문화 중심 영역을 이루는 셈이다. 낙동강 하류 지역은 일찍부터 벼농사의 중심지였고 오리를 비롯하여 최대의 철새 도래지였는데, 이 지역에서 벼농사를 위한 물과 관련된 오리가 신앙의 대상이 되고, 그것이 토기로 제작되었음은 오히려 자연스러운 현상으로 생각된다. 또한 오리가 영혼 그 자체이든지, 때로는 영혼의 운반체(運搬體)로서 기능했던 점을 생각하면 장례 용품으로서 오리형 토기가 쓰여진 신앙의 배경도 이해할 수 있다.

또한 오리는 다산성의 대표적인 조류이다. 오리는 닭보다도 크고 무거운 알을 보다 많이 낳는다. '낙동강 오리알 떨어지듯 한다'는 속담이 흔히 남의 것을 떼어먹고 가뭇없이 없어졌을 때 쓰는 표현이기는 하지만, 이는 역시 오리의 다산성을 나타내 주는 말로도 생각된다. 이러한 새의 알은 대개 불멸성, 잠재력, 생명의 신비, 생식의 근원 등의 상징성을 지니기에 때로는 알을 곡령(穀靈)적 힘을 지닌 존재로 생각하여 왔다. 그래서 파종 때에 주머니 속에 알을 넣고 있다든가, 밭에 알을 파묻는 관습도 있어 온 것이다.

　전북 부안읍 서외리 서문안 당산의 할아버지 당산 기대석에는 10여 개의 작은 구멍이 패여 있는데, 이것을 정상에 앉아 있는 오리의 '알받이 구멍'이라 하여, 음력 정월 보름에 당산제를 지낼 때 구멍

알받이 구멍　전북 부안군 부안읍 서외리 당산 기대석이다.(아래)
당산이 서 있는 전경(오른쪽)

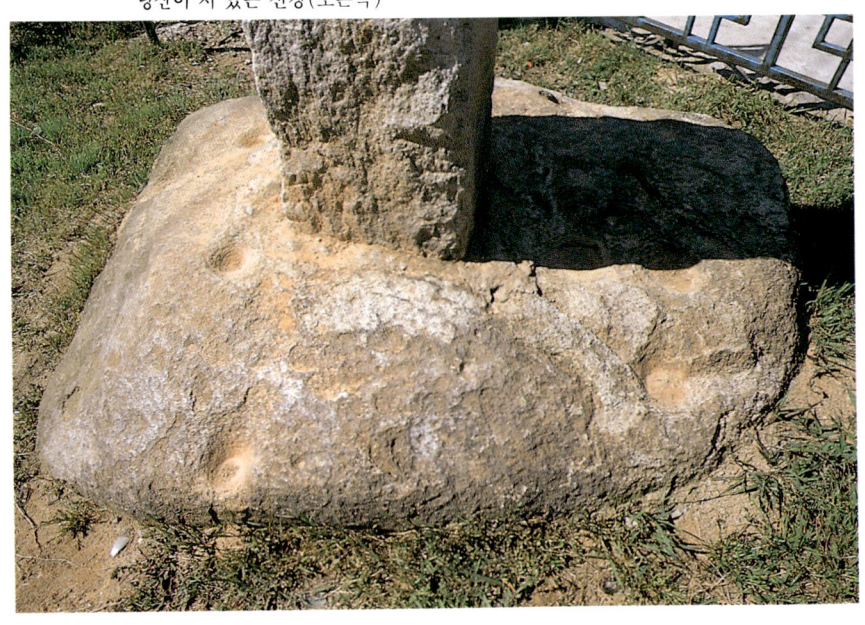

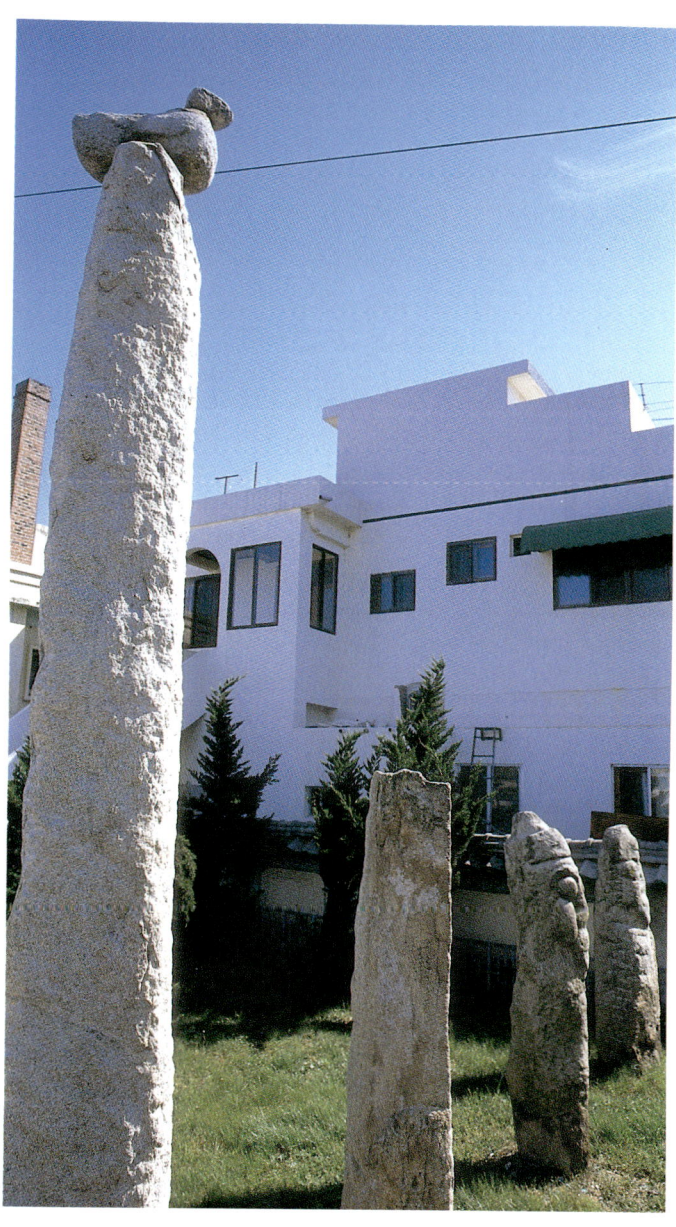

마다 쌀을 소복하게 담아 놓고 제사를 지냈다고 한다. 이는 구멍, 오리알, 곡물 사이의 주술적 관련성을 명백히 설명해 주는 중요한 사례이다.

이 구멍은 이른바 생산과 풍요의 의미를 지닌 성혈(性穴)이라 할 수 있다. 지금도 일부 마을에서는 구멍이 있는 바위를 알바위, 알터라고 불러서 구멍과 알을 상호 관련된 요소로 생각하는데, 이러한 성혈 터에 득남을 원하는 부인이 칠월 칠석 자정에 찾아가서 일곱 구멍에 좁쌀을 담고 치성을 드린 뒤, 그 좁쌀을 한지에 싸서 치마폭에 감추어 가면 득남한다고 믿는다. 또한 성혈에 쌀알이나 계란을 넣어 득남을 기원하기도 한다.

70쪽 사진   오리 알받이 구멍에 실제는 오리알이 아닌 쌀알을 대신 담는 의례 행위는 새의 알과 곡물의 낟알을 동일시하는 믿음에서 나온 것으로 여겨진다. 결국 오리와 그 알로써 농경의 풍요를 비는 의례 행위인 것이다. 이 점은 오리를 앉힌 솟대가 벼농사 위주의 농경 마을에

표 4. 오리의 종교적 상징성

오리가 갖는 특성	각 특성의 종교적 상징성
물새(잠수조)	· 상, 중, 하계를 가로지르는 우주 여행이 가능함. · 천지 창조에 있어서, 물속에서 흙을 건져올리는 지고신의 사자(使者). · 천둥새로서 천둥과 비를 지배함. · 홍수에서 살아 남게 하는 구원의 새. · 불을 극복하여 화재를 방지함.
철새	· 나타남과 사라짐의 주기성, 거주 공간의 반복 이동성 : 이승과 저승, 인간과 신과의 중개자. · 계절풍의 주기성과 농경.
알	· 구멍, 오리알, 낟알 사이에 내재해 있는 생산과 풍요의 주술적 관련성.

중요한 신앙의 대상으로 자리잡는 배경에 대해서도 많은 자료를 제공한다. 한편 경주 지방에서는 각 가정의 방문 앞 처마에 꿩알의 껍질을 줄에 꿰어 달아 놓고 있는데, 이것이 상서로움을 가져온다고 믿고 있다. 역시 알과 행운, 풍농과의 관계에 대한 믿음일 것이다.

까마귀

경남 해안 지역 일부와 제주도에서는 오리보다 까마귀가 더 보편적이다. 까마귀를 솟대 위에 앉힐 경우에 그 외형은 특이하여 장대 끝에 앉히는 것이 아니라, 장대 거의 끝 부분에 나무로 만든 까마귀를 꿰뚫어 세운 것이 대부분이다. 까마귀는 재액을 불러일으키는 불길한 새이기에 그것을 화살로 쏘아 꿰뚫어 잡아 놓음으로써 재액을 미리 예방한다는 것이다. 또한 이러한 목제(木製) 까마귀를 아이들이 돌로 쏘아 넘어뜨렸다는 것은 까마귀를 해침으로써 제액 초복을 빌었다는 의미일 것이다.

까마귀는 검은색의 외형, 듣기 싫은 울음소리 그리고 썩은 고기나 죽은 자에 몰려드는 습성 때문에 불길한 새로 여겨진다. 까마귀에 대한 많은 속신과 속담 가운데 어느 것도 긍정적이고 좋은 면은 없다. 특히 제주도에서는 까마귀의 울음소리나 그 형태에 따라서 불길한 앞날의 일을 점치는 것이 매우 일반적이다. 곧 예상하지 못한 인간 관계의 파국, 귀신의 침범, 죽음, 질병, 화재, 흉년 등을 점친다. 또한 제주도에는 까마귀와 관련하여 이루어진 많은 지명이 있어서 제주도 사람들의 정신 세계에 까마귀가 차지하는 비중을 쉽게 찾아볼 수 있다. 거욱대머르, 가마귀통, 가마귀들, 가마귀물, 가마귀산전, 가마귀도르, 가마귀물질, 가마귀모르, 가마귀성창, 가마귀왓 등이 그러한 지명의 대표적 예이다.

이와 같이 현재의 민속상에는 까마귀가 분명히 흉조(凶鳥)이다. 그런데 이러한 흉조를 제액 초복을 위하여 장대 위에 꽂는다는 것은 기타의 오리 솟대와 비교하여 볼 때 쉽게 이해되지 않는다. 솟대의 까마귀는 흉조의 의미가 아니라 원래는 하늘이나 신령과 관계 있는 성스러운 새였을 것이다.

고대 동아시아에서 까마귀는 분명히 신조(神鳥)이며 태양조(太陽鳥)이기에 흔히 일중지오(日中之烏), 삼족오(三足烏)로 관념되던 새였다. 특히 태양과 관련된 신화에서는 까마귀는 길조(吉鳥)였다.

한국 고대의 문헌 자료를 통해서도 까마귀는 성스러운 새였음이 확인된다. 곧 '일월지정(日月之精)'으로 일본에 건너가 왕과 왕비가 된 연오랑(延烏郎)과 세오녀(細烏女), 동명왕 주몽과 백제 온조왕을 각각 동행한 오이(烏伊)와 오간(烏干), 신라 직관 명칭에 보이는 대오(大烏), 소오(小烏), 사금갑(射琴匣) 설화에 보이는 신라 소지왕을 위급하고 어려운 상황에서 구한 오(烏), 간혹 상서(祥瑞)의 징표로 보이는 적오(赤烏) 기사 등은 그 대표적인 예이다.

일본 고대에서도 까마귀는 천신의 사자로서 매우 신령스러운 새였다. 일신(日神) 아마테라스 오오미카미(天照大神)와 월신(月神) 쯔끼유미 미코토(月弓尊)의 아우인 스사노오 노미코토(素戔嗚尊), 신무왕(神武王)을 인도한 야다노 가라스(頭八咫烏) 등의 이름에 오(烏)가 나타나는데, 이러한 까마귀가 종행하며 섬긴 왕들은 동명을 비롯하여 모두 일자(日子), 일신(日神)이었다. 「속일본서기(續日本書記)」 권제2(卷第二) '문무천황조(文武天皇條)'에 보면 "궁정의 대극전(大極殿) 정문(正門)에 오형당(烏形幢)을 세우고 그 좌우에 각각 일상(日像), 청룡(靑龍), 주작(朱雀)의 번(幡)과 월상(月像), 현무(玄武), 백호(白虎)의 번(幡)을 벌여 세웠다"는 기록이 있는데, 여기서도 오형당(烏形幢), 곧 까마귀 솟대를 일월상(日月像)이나 사신(四神)에 앞서는 존재로 인식했음을 볼 수 있다.

그 밖에 시베리아의 코리약족 신화에 의하면 까마귀는 지상의 구원을 위해 파견되었고 또 지상의 사람들은 까마귀를 지고천신

(至高天神)에게 보내서 모든 재앙을 멈추게 한다. 만주에서도 병이 났을 때에 신간을 세우고 그 위에 갈가마귀를 앉혔고, 부리야트족과 야쿠트족에서도 까마귀는 신성한 존재였다. 북시베리아 퉁구스족도 사냥을 할 때에 까마귀를 따라가면 사냥물을 얻게 해주는 행운의 새로 여겼던 것이다. 또한 까마귀는 천지 창조 때 천신에게 협조하는 새이기도 하였다.

요컨대 까마귀는 고대의 중국, 한국, 일본에서 천신(天神)이나 일신(日神)을 상징하고, 때로는 그 사자(使者)로서 역할을 담당했던 신조(神鳥)였다. 19세기의 시베리아 민족지 자료에서도 까마귀가 신조였음은 확인된다. 오늘날 민간에서는 까마귀가 원래의 의미를 상실하고 악조(惡鳥), 흉조(凶鳥)로만 인식되어 왔는데, 현재 일부 지역에 보이는 솟대 위의 까마귀는 예전에 가졌던 신조로서의 성격이 화석처럼 남아 있는 것 같다. 솟대의 까마귀에는 결코 흉조가 아닌 신조의 성격을 지녔을 것으로 생각된다.

솟대 신앙의 성격

오늘날 솟대 자체는 독립적인 신앙 대상으로서의 성격은 매우 희미해졌고 대개는 장승 또는 기타의 신앙 대상물과 함께 모셔진다. 그 가운데 장승과 솟대가 하나의 짝으로 되는 경우가 가장 많다. 장승과 솟대가 하는 일을 나누어서 생각하고, 모시는 마을은 거의 찾아보기 어렵다. 솟대의 원래 의미도 많이 상실되고 장승과 결부되어 보호신 같은 역할을 하게 되었던 것 같다. 간혹 장승과 솟대를 동성이체(同性異體)의 신으로 표현하는 것은 바로 그같은 이유에서이다. 그렇지만 두 신앙 대상물의 원래 성격과 기능 그리고 기원은 달랐을 것이다.

77쪽 사진　장승과 솟대는 복합적인 신앙 대상물을 구성하면서도 흔히 솟대는 장승에 비하여 부수적인 존재로 생각되는 것 같다(물론 그렇지 않게 생각하는 마을도 있다). 그 밖에 예전에는 장승과 솟대가 거의 한 짝을 이루었으나 솟대는 이미 찾아보기 어렵고 장승은 그래도 아직 간간이 남아 있는 것을 보면, 솟대가 장승보다 일찍이 소멸되어 간 것을 알 수 있다.

이는 아마도 솟대가 갖는 원래의 종교적 상징성이 액막이를 주로

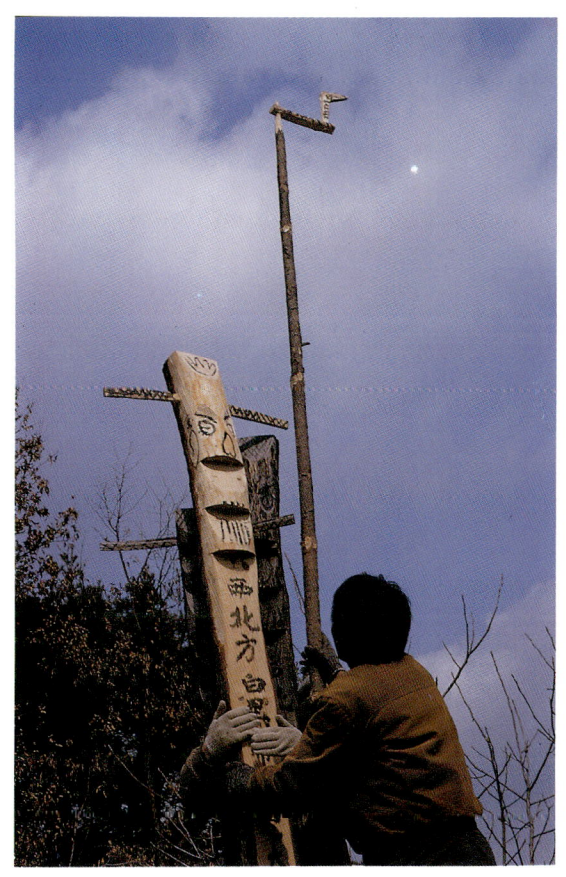

장승 솟대 세우기 오늘날 솟대 자체는 독립적인 신앙 대상으로서의 성격은 희미해졌고 대개는 장승 또는 기타의 신앙 대상물과 함께 모셔진다. 충남 청양군 정산면 송학리 장승제.

하는 장승에 비하여 보다 고대적이며 복합적인 의미를 간직하고 있었기 때문일 것이다.

그러나 솟대를 장승이나 기타 신앙 대상물보다 중히 여기는 예가 없는 것은 아니다. 전남, 경남 해안과 강원도 해안 지역의 일부 마을에서는 솟대가 홀로 세워지거나 다른 신앙 대상물과 뚝 떨어져 세워져서 독립적으로 모셔지기도 하고, 때로는 장승에 비해서 중요시되기도 한다. 행주형 지세의 솟대도 장승과는 관계 없이 홀로 세워지고 보다 비중 있는 신앙의 대상이 된다.

이들 지역에서는 솟대를 '별신대' '짐대 당산'이라 하여 동제에서의 중요성을 한결 돋보이게 하며 제의 명칭도 장승제라 아니하고 오히려 '짐대제' 또는 '짐대 모신다'라고 하며 이곳의 땅이름도 '짐대 거리'라고 부른다.

동제에서도 솟대는 다른 신앙 대상물에 비하여 먼저 모셔진다. 강원도 강릉시 강문동 별신굿에서 굿은 진떼백이 서낭을 돌고서야 시작이 되며 경남 통영군 산양면 곤리에서는 산신제를 지낸 뒤 솟대를 위하고, 마지막으로 솟대 좌우에 있는 장승에게 조출하게 상을 보아 모신다. 전남 해남군 황산면 송호리에서는 진대의 양편에 동, 서 장승이 있어서 진대를 보호하며 진대에 진설했던 제물만 장승 밑에 묻는다고 한다.

그리고 장승제라는 제의 명칭 속에서 부수적으로 모셔지는 듯한 솟대보다는 솟대가 독립적으로 더 많은 위함을 받는 경우에 여러

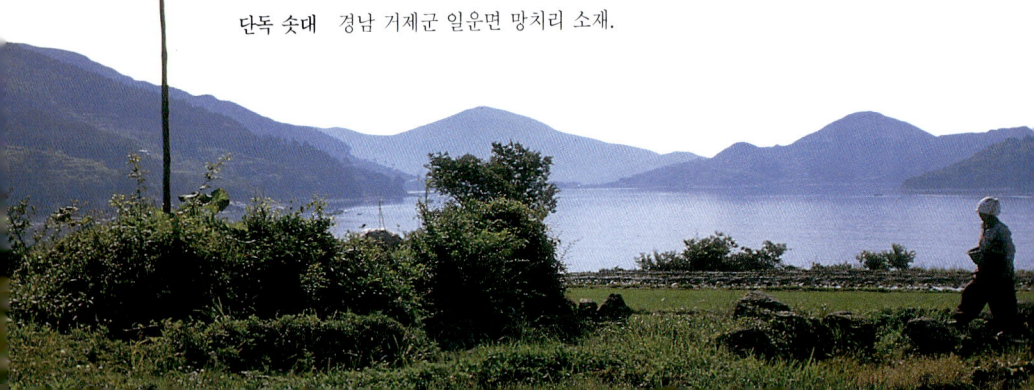

단독 솟대 경남 거제군 일운면 망치리 소재.

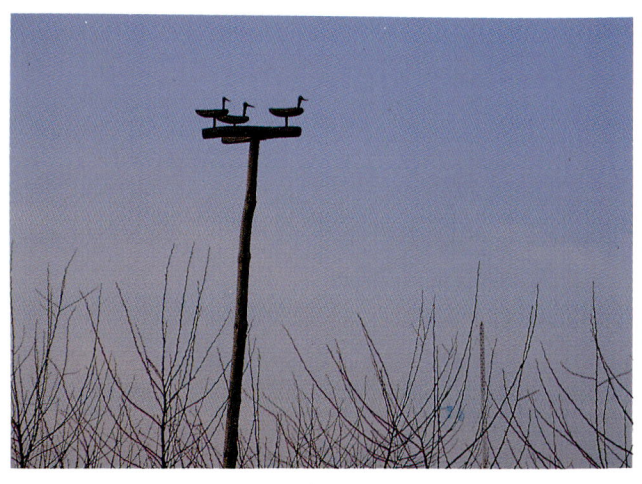

가지 예물이 솟대에 바쳐진다. 강원도 강릉시 안목의 진또배기에는
성황님 예단이라고 해서 흰 종이를 접어서 실로 매고, 경남 거제도
에서도 별신대의 하부에 별신지(別神紙)라 부르는 백지를 접어서
붙여 놓고 금줄을 두른다. 경남 통영군 산양면 곤리의 솟대에는
오리의 목에 천을 감아 놓았다. 또한 전남 진도군 군내면 세등리에
는 짐대의 정상부에 소의 턱뼈를 걸어두며, 해남군 황산면 원호리에
서는 짐대 밑에 돼지 아가리뼈를 묻어 둔다. 그 밖에 호남 지방에서
는 줄다리기에 사용한 줄이나 짚을 꼬아 만든 줄로 짐대에 옷을
입혀드리는 것이 일반적인데, 이때 줄은 짐대의 옷이 되는 셈으로
짐대를 줄로 감아 놓는 것은 짐대에 대한 확실한 인격화이다. 곧
마을 안으로의 신앙적 통합을 의미하는 것이다.

  그런데 솟대가 장승의 부수적인 존재로 여겨지든 독립적인 신앙
대상으로 생각되든 장승과 솟대는 동제에서 하당신(下堂神)의 성격
을 갖는다. 물론 장승과 솟대를 마을의 주신(主神)으로 여기는 경우

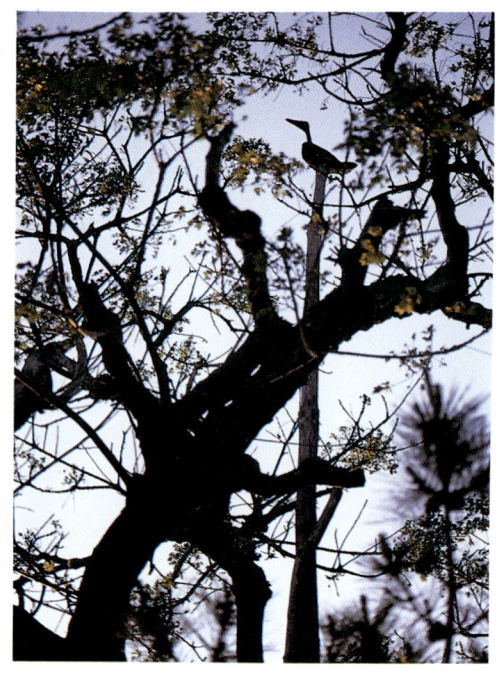

전남 해남군 황산면 송호리 진대 이 진대의 양편에 동, 서 장승이 있어서 진대를 보호하며 진대에 진설했던 제물만 장승 밑에 묻는다.

가 없는 것은 아니지만 이는 아마도 전형적인 마을 신앙에서 다소 벗어난 퇴화된 모습이거나 마을의 입지 조건에 따른 특수한 사례일 것이다.

　아무튼 마을 전체의 안녕과 질서를 위하여 믿어지는 최고의 신은 산신이며 장승 솟대를 비롯한 여러 신앙 대상물은 산신의 하위신으로서 마을 입구에 세워지는 것이다. 그래서 장승 솟대에 대한 의례 행위는 밤중에 지내는 동제에 앞서서 아침부터 장승 솟대를 깎아 세우고 낮에 간단하게 고사를 지내거나, 아니면 동제 뒤에 간단히 모신다. 장승 솟대는 동제의 한 과정으로써 모시는 것말고도 각 개인이나 가정에서 복을 빌거나, 질병 퇴치, 재액 구축을 위해서도

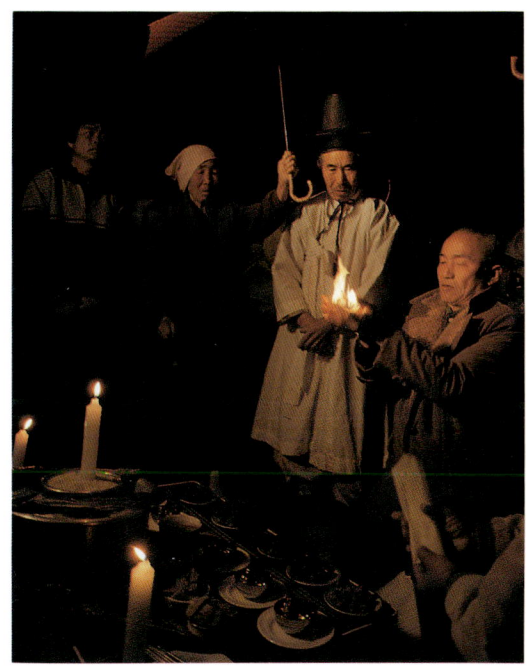

모셔진다.

곧 개인적 차원의 사사로운 일에서는 마을의 주신인 산신보다 장승과 솟대가 더욱 친근한 신앙 대상물인데, 이는 산신이 마을 전체와 관련된 최고신이기에 오히려 개인적 차원의 신앙 대상으로는 거리감이 있기 때문일 것이다. 산신이 마을의 상징적인 최고의 신이라면 장승 솟대는 일상 생활의 잡다한 일들과 관련을 맺고 있는 실질적인 하위의 신이다. 그리하여 산신당이 마을 전체를 조망(眺望) 보호하는 듯한 장소 곧 마을 뒷산 중턱쯤에 세워지는 반면에 장승 솟대는 마을 입구에 세워져서 실질적인 제액 초복과 풍농의 기능을 수행하는 것이다.

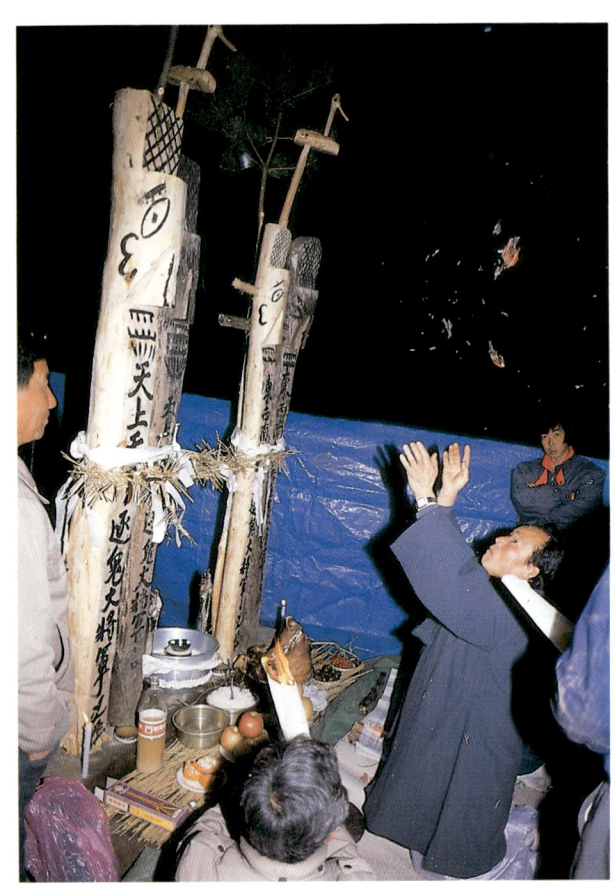

장승제   장승은 마을 수호가 주기능이었을 것이다. 때로는 액막이 기능을 강화하기 위해서 마을 사방이나 중앙을 포함한 오방에까지 세운다. 충남 청양군 정산면 용두리 장승제에서 소지 올리는 장면.

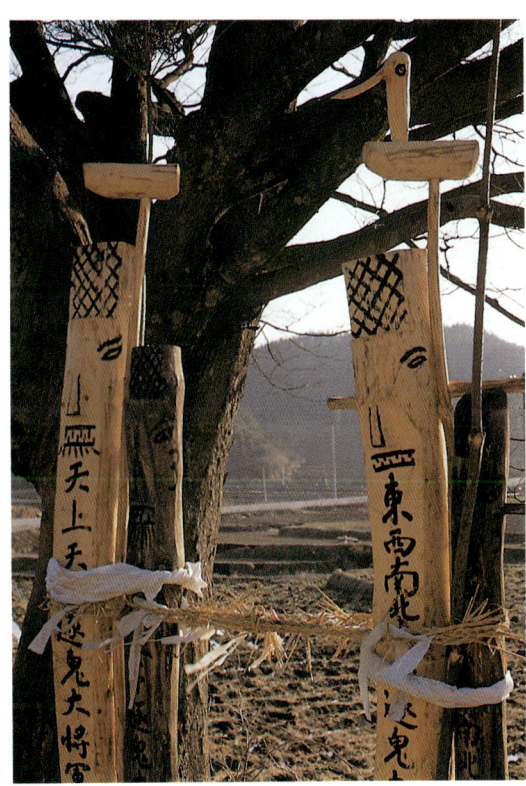

그러면 장승과 솟대는 어떠한 기능상의 관계나 구별이 있는가?

장승은 다른 어떤 신앙 대상물보다 그 성격이나 의미가 분명하게 드러난다. 장승은 경계표와 이정표로서의 역할도 하지만 이것은 후대의 기능 변천에 의한 것이고, 원래는 마을 수호가 주기능이었을 것이다. 장승의 외형을 무사(武士), 장군(將軍), 역사(力士), 문수(門守)를 흉내 내어 무섭게 표현한 것이나 "천상천하 축귀대장군(天上天下逐鬼大將軍)" "동서남북 축귀대장군(東西南北逐鬼大將軍)" "금귀대신(禁鬼大神)" "금호장군(禁護將軍)"이라고 묵서(墨書)한

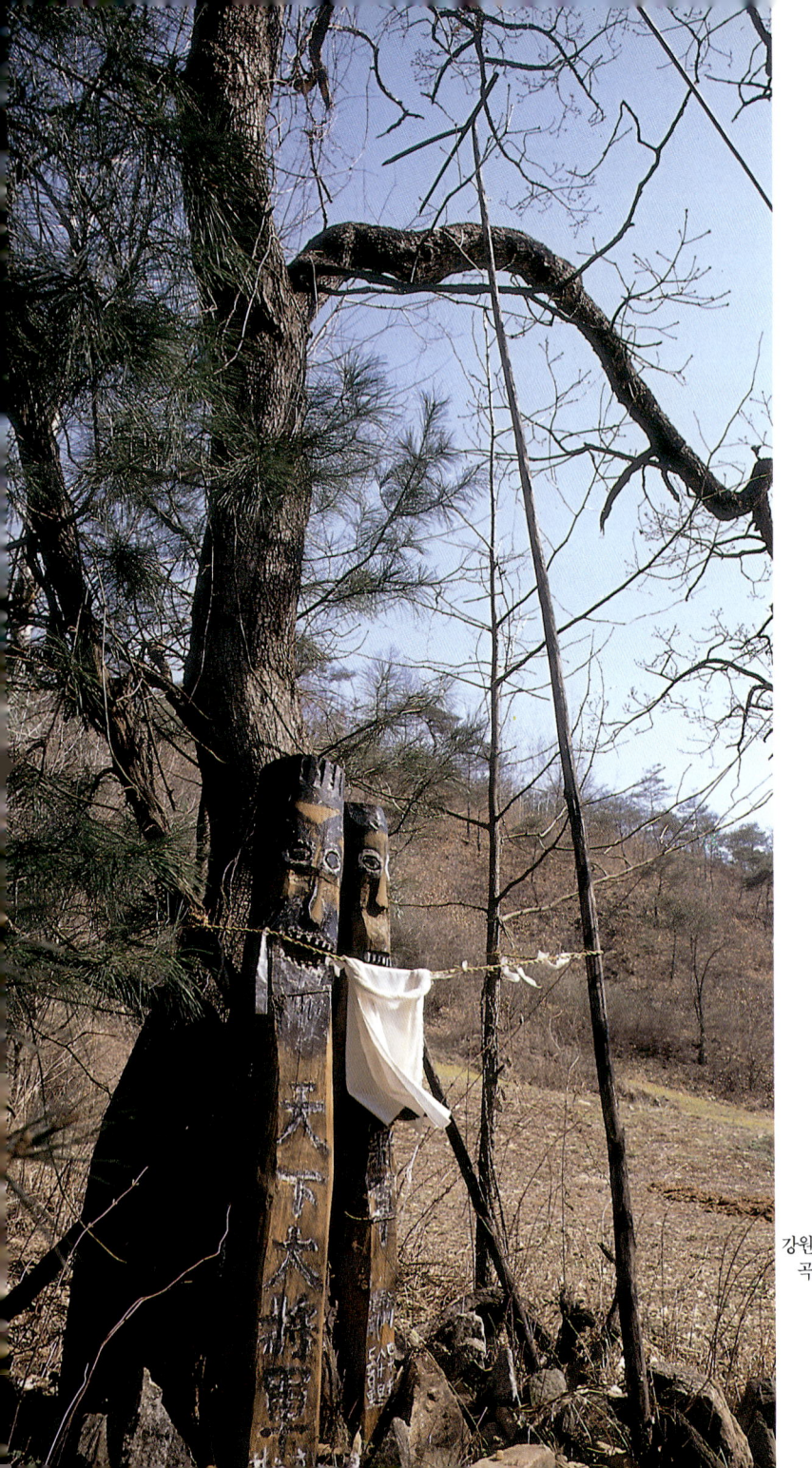

강원 춘성군 동산면 전치
곡리 장승 솟대

것은 역시 액막이가 장승의 가장 중요한 역할임을 나타낸다. 때로는
"이것은 콜레라 귀신을 쫓는 장군이다"라고 하여 구체적인 벽사의
대상이 지적되기도 한다. 액막이 기능을 강화하기 위해서 마을 사방
이나 중앙을 포함한 오방(五方)에까지 세운다.

　강원도 춘성군 동산면 밭치리의 거리제에서는 장승에게 커다란
소지를 올리며 독축(讀祝)하기를 "천하대장군 지하여장군은 우리
동중 수구에서 잡귀 잡신 악질을 막아 주신 은혜를 갚을 길이 없어
오늘 이 정성을 드렸사오니…"라고 한다. 예전에는 염병도 막아
주고 감기 고뿔도 들지 않게 막아 주는 장승을 위해 까만 개를 잡아
그 피를 마을 밖에 뿌리기도 했다 한다. 또한 충청도 지방에서 장승
을 신징(神將), 수살막이, 수살이, 수살목으로 부르고, 장승제 자체를
"수살이 잡숫는다"라고 하는 것을 보아도 장승의 액막이 기능이
경계표나 이정표로서의 기능에 앞서는 원래 모습임을 알 수 있다.

　그런데 솟대는 이러한 장승의 벽사(僻邪) 기능을 보강, 보조하여

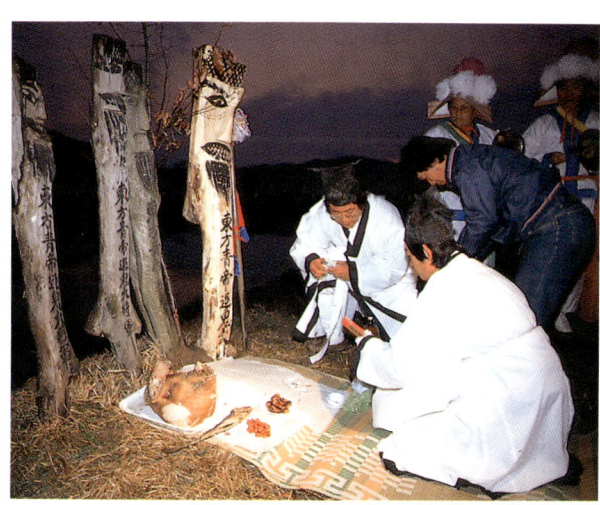

충남 부여군 은산면 은산리
장승제 장면

85쪽 사진

솟대의 장대 자체로서 잡귀를 막아 주며, 아울러 솟대의 새로 하여금 풍농을 보장하는 농경신의 구실도 하는 것으로 보인다. 또한 때로는 솟대의 새 자체가 벽사의 기능을 한다고도 믿어진다. 은산 별신제 때에 마을 사방에 장승을 세워 잡귀를 막게 하는 동시에 진대도 함께 세워 이중으로 잡귀들이 그 안에 얼씬거리지 못하게 하는 것을 보아도 솟대 역시 장승의 액막이 기능을 보조하는 것 같다. 한편 솟대만을 가리켜 수살대라고도 하는 만큼 액막이 기능이 있음이 분명하며, 때로는 오리의 뒤꽁지에 15센티미터 안팎의 나뭇 가지를 세로로 꽂아서 특별히 이것을 수살대라고 한다. 그리고 이 수살대에 오리를 그린 종이 깃발을 다시 매달아 잡귀 구축의 기능을 강화한다.

이러한 성격은 손진태 씨가 1923년에 함남 함흥에서 무당 김쌍석이(金雙石伊)한테서 채록한 창세가에 (방점은 필자에 의함)

    축축하고 더러운 석가야
    너 세월이 될나치면
    쩍이마다 솟대서고
    너 세월이 될나치면
    가문마다 기생나고
    가문마다 과부나고
    가문마다 무당나고

라는 무당 노래말에서도 솟대가 악신인 석가가 가져다 주는 재앙을 방지하는 목적을 가졌음을 알 수 있다.

이 밖에도 충북 옥천군 동이면 청마리 마티 마을에서는 장승과 솟대 깎을 나무를 운반하면서 다음과 같은 노래를 부른다(방점은 필자에 의함).

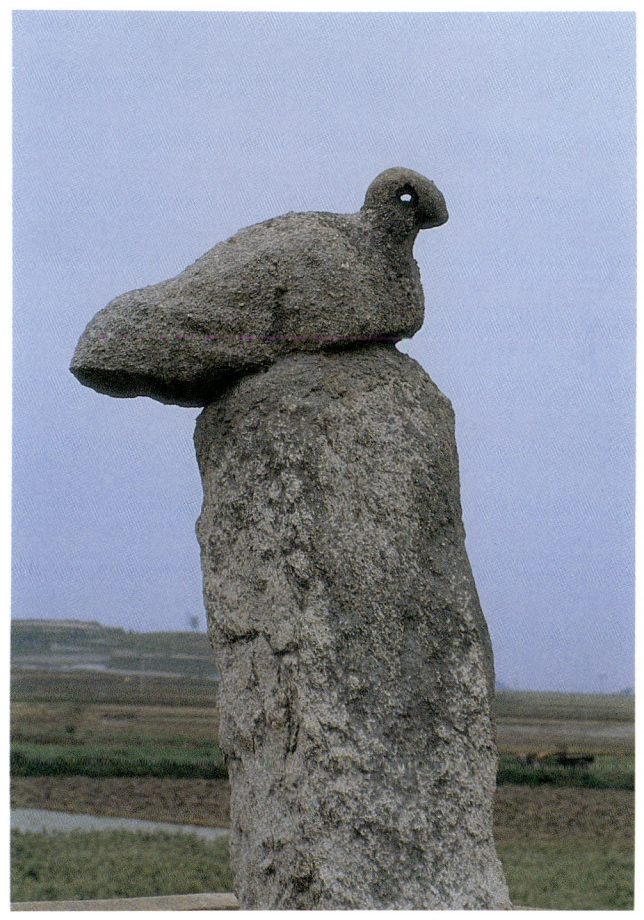

솟대 오리 모양의 머리돌이 내려지면 마을에 재앙이 닥친다고 하여, 오리가 떨어지지
않도록 정성을 드린다. 그리고 짚으로 꼰 옷을 입혀 주면 그해의 농사에 실패가 없다
고 한다. 전남 영광군 염산면 반안리 소재.

모셔가세 모셔가세
모든악귀 물리치실
추악대(推惡臺)를 모셔가세

모셔가세 모셔가세
천하대장군 모셔가세
우리부락 지켜주실
천하대장군 모셔가세

모셔가세 모셔가세
지하대장군 모셔가세
우리부락 지켜주실
지하대장군 모셔가세

　여기서도 솟대를 추악대(推惡臺)로 표현하는 것을 보면, 솟대 자체에 액막이 기능이 있음을 분명히 알 수 있다. 곧 솟대의 새도 재액 구축을 하는 것으로 여겨진다. 마을에 따라서는 오리가 마을을 방어하고 액운을 막아 준다고 믿는다. 옛날에 새가 마을을 지켜주기 위해서 날아와 앉았다든가, 철새가 마을로 침입하는 잡귀를 막아 준다든지 또는 오리가 날아가는 방향으로 마을의 액운을 함께 내보내게 해달라는 믿음이나, 장승이 재액의 침입을 짐대 위의 까치에게 알리면 마을을 향해 까치들은 크게 울었다는 것 등은 새의 액막이 기능에 대한 사례가 된다.
　솟대는 재액 구축의 구실말고도 농업 생산 및 풍요와 깊은 관계가 있다. 전남 진도군 임진면 삼막리에서는 거리제가 끝나면 주민들은 여러 놀이를 벌이는데 이때 짐대를 먼저 뽑는 사람이 그 해 농사 장원을 한다 하여 서로 다투어 짐대를 뽑으려 경쟁을 벌인다. 전남

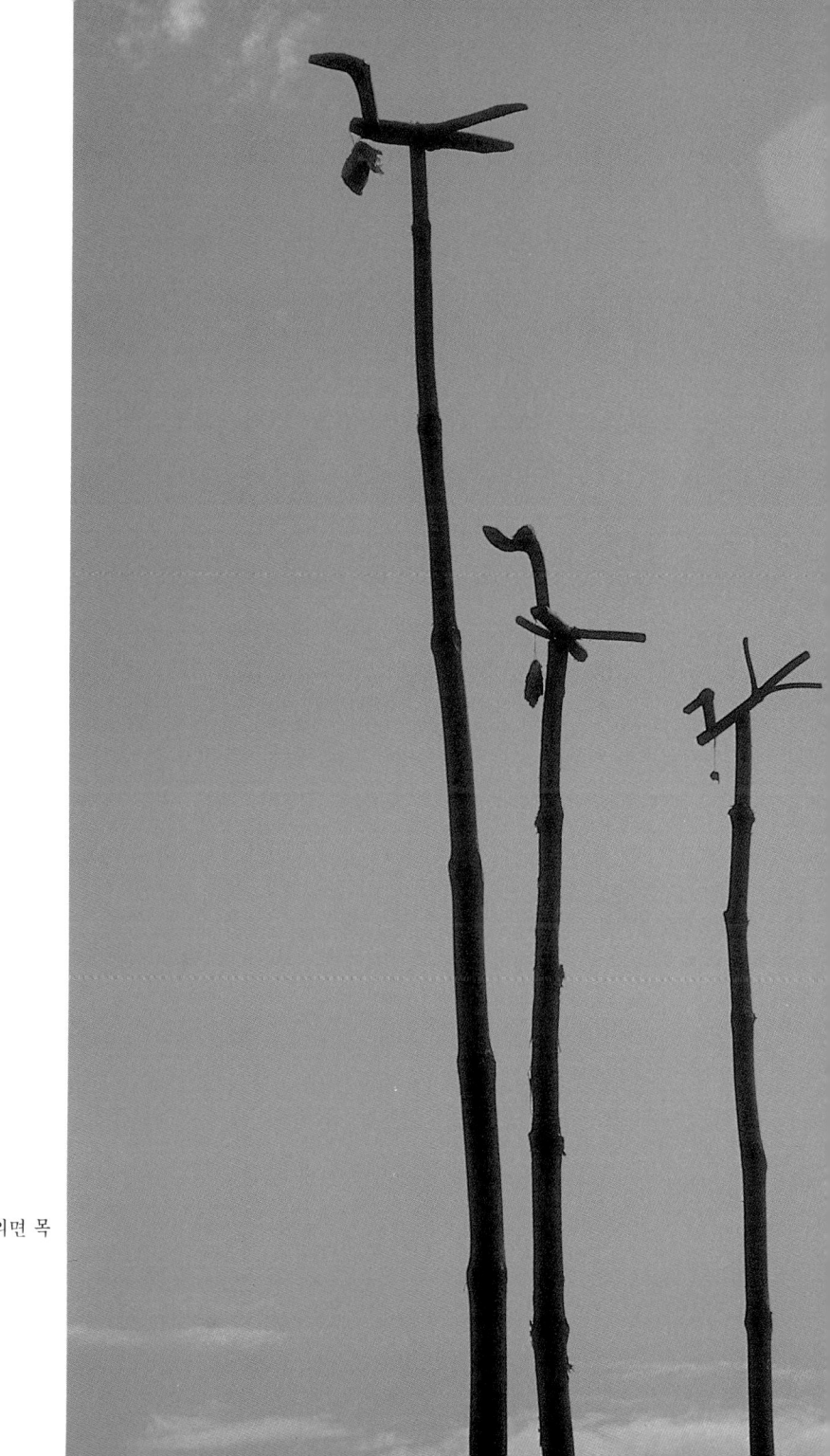

전북 정읍군 산외면 목
욕리 솟대

영광군 염산면 반안리에서는 당산 할머니(솟대)에게 짚으로 꼰 줄로 옷을 입혀 주면 그 해의 농사에 실패가 없다고 하며, 강원도 강릉 강문동에서는 진떼백이 옆에다가 모춤을 놓으니까 금방 벼가 폈다고 한다. 또한 만일 진떼백이에게 정성을 드리지 않으면 벼농사가 잘 되지 않는다고 한다.

89쪽 사진 그 밖에 전북 정읍군 산외면 목욕리에서는 정월 대보름 동제를 지낼 때에 솟대 위의 오리 주둥이에 물밥이라 하여 쌀과 동전을 넣은 주머니를 매다는데 이는 마치 동명왕 설화에서 보리 종자를 전하는 비둘기처럼 솟대의 오리가 농업신의 사자(使者)로서 구실하고 있음을 여실히 보여 주는 좋은 본보기라 할 수 있다.

전남 곡성군 곡성읍 죽동리에서는 마을 입구 당산나무 양쪽에 진대를 세우는데, 하나는 장대 위에 나무 기러기 한 마리가 마을 밖을 향하게 하여 세우고 또 하나는 액막이 물밥을 오장치(오쟁이)에 담아서 매달아 둔다. 경기도 시흥군 의왕읍 왕곡리에서는 장승 옆에 짝지발을 세운다. 짝지발은 길이 2 내지 2.5미터 정도되는 가느다란 소나무를 상부의 가지 3, 4개만 남기고 모두 잘라내고 한 가지에만 조그만 나무판을 꽂아 만든다. 그리고 이 조그만 나무판을 새라고 여기는데 특히 까마귀, 오리, 기러기라고들 한다. 새를 앉히지 않은 나머지 가지에는 정월에 오색 천에 오곡을 싸서 걸어 둔다고 한다. 경남 통영군 욕지면 치리섬의 별신제 때에 하당에 세우는 삼한대에는 그 꼭대기에 바라전, 쌀봉지, 제관이 입던 깨끗한 한복을 매다는데 여기서도 곡식을 장대에 매다는 것은 흥미롭다.

이는 앞서 지적한 전북 부안읍 서외리 할아버지 당산의 '오리알받이 구멍'과 마찬가지로 아직도 솟대의 새와 농경과의 관련성에 대한 관념이 벼농사 위주의 마을에 화석처럼 남아 있는 것으로 보아야 하겠다.

90 솟대 신앙의 성격

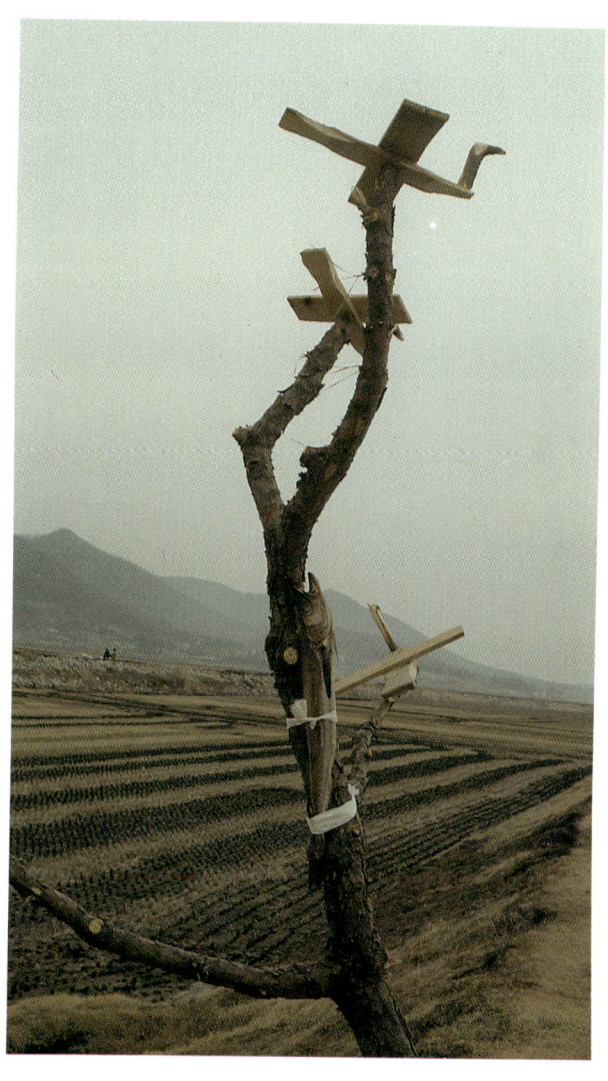

수살대 경기도 강화군 내가면 외포리 소재의 수살맞이 굿에 쓰이는 수살대이다.(국립
민속박물관 사진 제공)

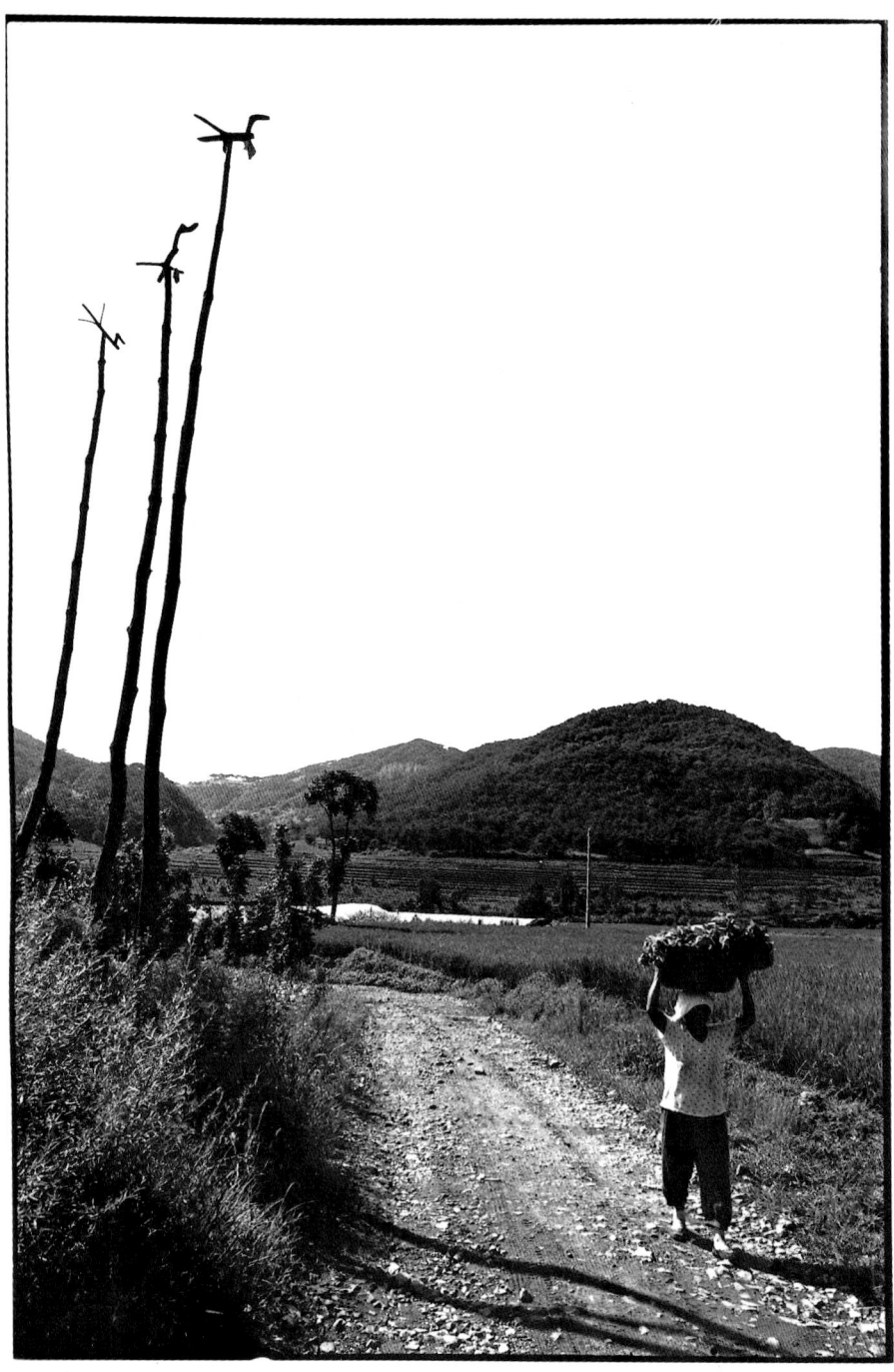

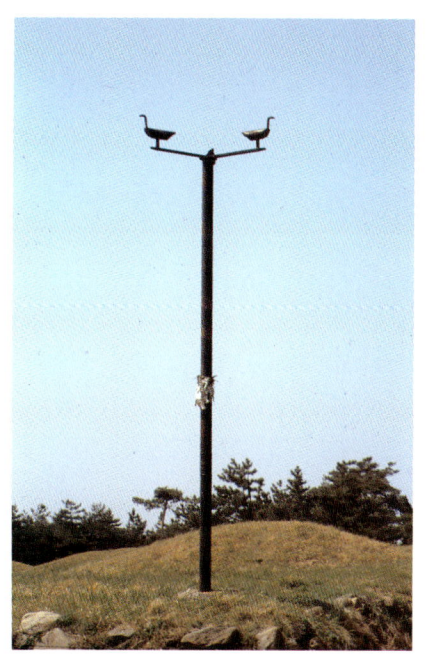

전북 정읍군 산외면 목욕리 솟대 이 마을에서는 정월 대보름 동제를 지낼 때에 솟대 위의 오리 주둥이에 물밥이라 하여 쌀과 동전을 넣은 주머니로 매다는데 이는 마치 동명왕 설화에서 보리 종자를 진하는 비둘기처럼 솟대의 오리가 농업신의 사자(使者)로서 구실하고 있음을 여실히 보여 주는 좋은 본보기라 할 수 있다.(왼쪽)
강원도 삼척군 이로면 고천리 솟대 (위)

솟대 신앙의 역사

    솟대에 대한 신앙은 북아시아 여러 민족에게서도 공통되게 나타나는 현상이다. 또한 이 지역 청동기시대의 의기(儀器)에도 나뭇가지나 기둥에 새를 앉힌 조형물이나 문양이 간혹 발견된다. 이처럼 넓은 지역성과 청동기시대까지 올라가는 시간성은 솟대가 고대로부터 북아시아 전지역에 퍼져나간 보편적인 신앙 요소임을 알려 준다. 이는 어쩌면 이 지역을 휩쓴 샤머니즘의 문화 파동이라는 맥락에서 이해될 수 있을 것이다.

    솟대의 발생은 이른바 우주나무(Cosmic Tree)와 하늘새(Sky-Birds) 의 결합에서 비롯되는 것으로 추정된다. 그런데 우주나무가 뚜렷한 하나의 신앙으로 자리잡고 강화되는 것은 북아시아 샤머니즘의 수직적 우주관과 관계된다. 곧 각 우주층을 연결시킬 수 있는 우주축으로서 우주나무가 쓰여지는 것이다. 더구나 나무 자체는 땅 속 깊이 파고드는 뿌리로서 지하계까지 이어져 있고, 솟아오르는 식물의 생장력으로 하늘 꼭대기까지 뻗어오르는 상징성으로 인하여 상, 중, 하 세 개의 수직적 우주층을 연결하는 우주축으로 적합한 것이었다.

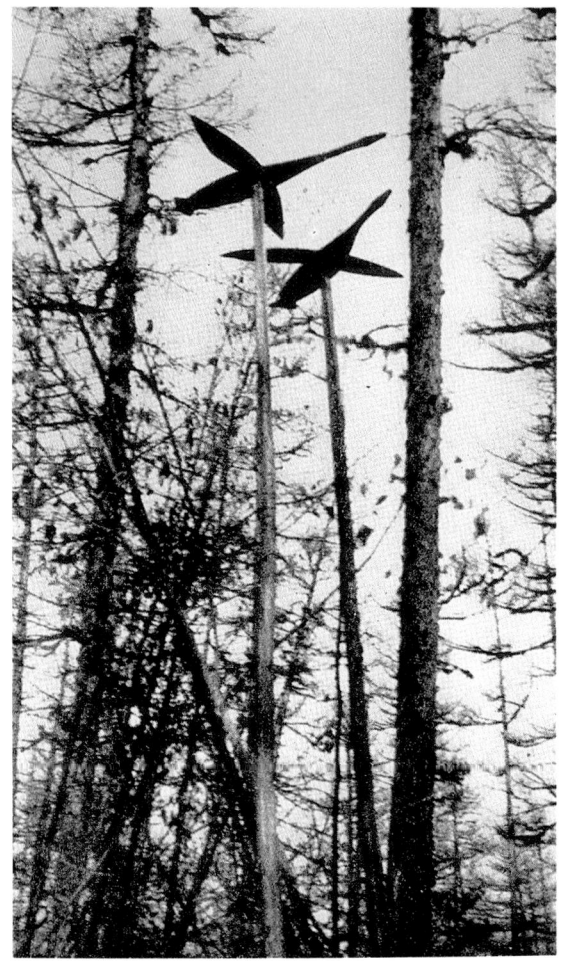

만주 퉁구스족의 백조 솟대

    따라서 처음에는 가지와 잎이 그대로 있는 산 나무가 우주나무로
서의 역할을 하다가, 점차 가지와 잎이 제거된 나무 기둥이 우주나
무로서 자리를 잡아갔던 것으로 생각된다. 곧 나무 기둥은 단순한
기둥이 아니라 나무의 생장력을 그대로 지니고 있는 살아 있는 나무
의 대용품이었던 것이다.

    이런 우주나무는 우주층의 교통로로서 우주의 중심인데 이때
각 우주층을 왕래하는 하나의 사자(使者)로서 새가 등장하는 것으로
여겨진다. 따라서 우주나무에 새를 앉힌 것은 결국 우주 중심의
역할을 확인하고 강조하는 셈이 된다. 간혹 새를 앉히지 않은 솟대
가 발견되는 것은 사자(使者)로서의 새의 기능이 생략되는 경우일
것이다.

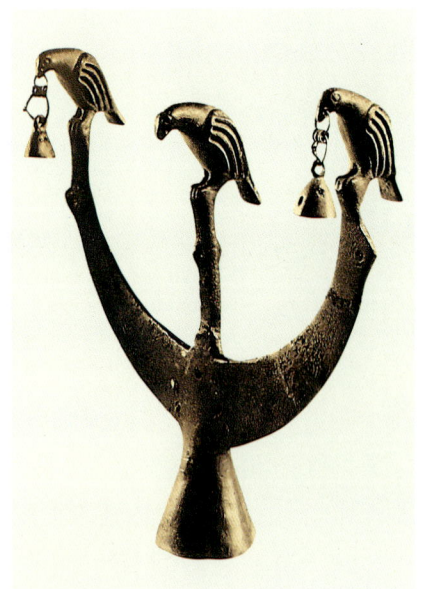

청동제 장대투겁 시베리아 쿠르간 묘 출토.

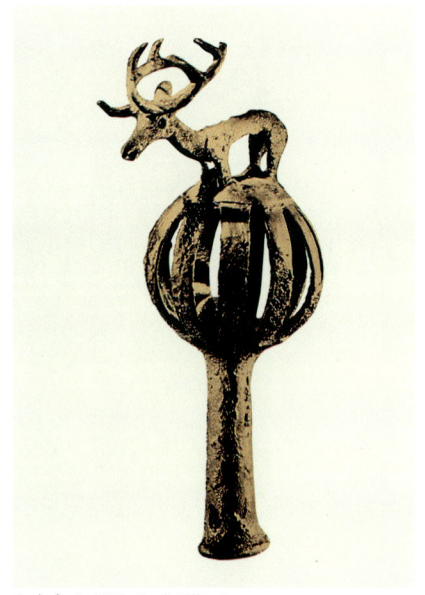

스키타이 청동제 장대투겁

그런데 북아시아 솟대 위의 새는 오리와 백조이며 때로는 독수리이기도 하다. 오리나 백조는 물새로서 천상, 지상, 지하(수중)를 오갈 수 있는 능력이 있고 일정한 주기(周期)로 나타났다가 사라지는 철새이기도 하여서 그것은 초월적인 세계와 인간 세계를 넘나드는 신조(神鳥)로 인식되기에 충분했던 것이다. 한편 독수리는 힘차고 재빠르게 날아오르는 능력과 용맹성 때문에, 일찍이 천신의 사자나 태양의 새 또는 샤만의 새로 알려져 왔다. 우리나라 솟대에 오리가 앉혀지는 것도 역시 동일한 상징을 지닌다.

그러면 이러한 우주나무와 하늘새의 결합인 듯 보이는 솟대는 어느 시대까지 소급되는 것일까?

솟대와 견주어서 볼 수 있는 고고학 자료는 청동기시대의 유물에

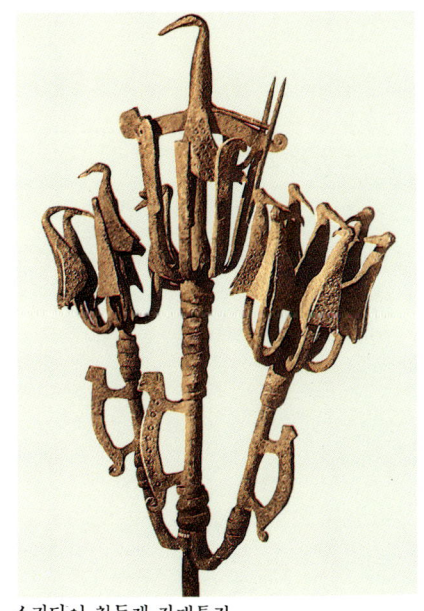

스키타이 청동제 장대투겁

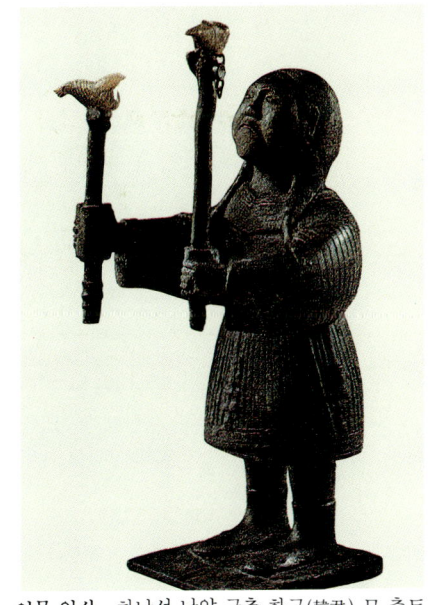

인물 입상　하남성 낙양 금촌 한군(韓君) 묘 출토.

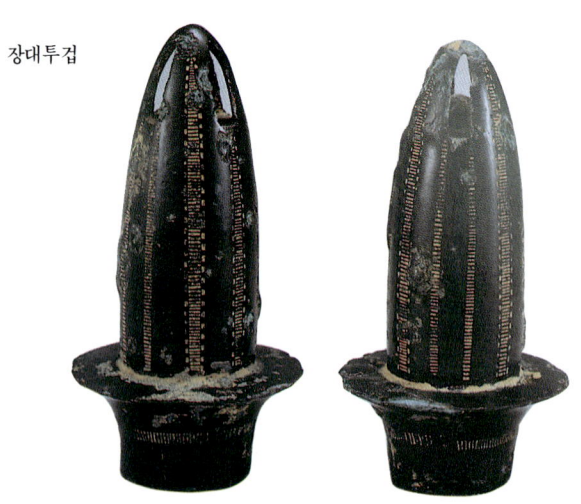

장대투겁

서 보이기 시작한다. 곧 내몽고 수원(綏遠) 지방에서 출토된 Y자형
의 조식 간두(鳥飾竿頭)는 장대 끝에 끼우게 되어 있으며 두 마리의
새가 마주 보고 있는데, 이와 비슷한 청동기는 남러시아의 알렉산드
로폴에서도 출토된 적이 있다. 또한 흑해 북부의 예카테리노슬라브
지방에서 출토된 기원전 3세기 초엽의 청동제 장대투겁(pole-top)
도 주목된다. 이것은 스키타이 예술의 한 대표적 작품인데, 삼지창처
럼 생긴 간두(竿頭) 꼭대기에 조그만 종(鍾)을 물고 있는 새가 세
마리 앉아 있는 것으로 역시 어떤 기둥 위에 끼우도록 되어 있다.
물론 이것들이 마을 기둥(Town-Pillar)으로서의 솟대인지, 샤만이
의례 때에 사용하는 솟대인지 분명치 않지만 그 크기가 작은 것으로
보아 후자일 가능성이 짙다.

　한국에 있어서도 농경문 청동기와 조식 간두 그리고 장대투겁
등에서 청동기시대의 솟대 신앙을 엿볼 수 있다. 농경문 청동기의
그림 주제는 파종하고 추수하는 농사의 일과 그 시간이며 또한 그것

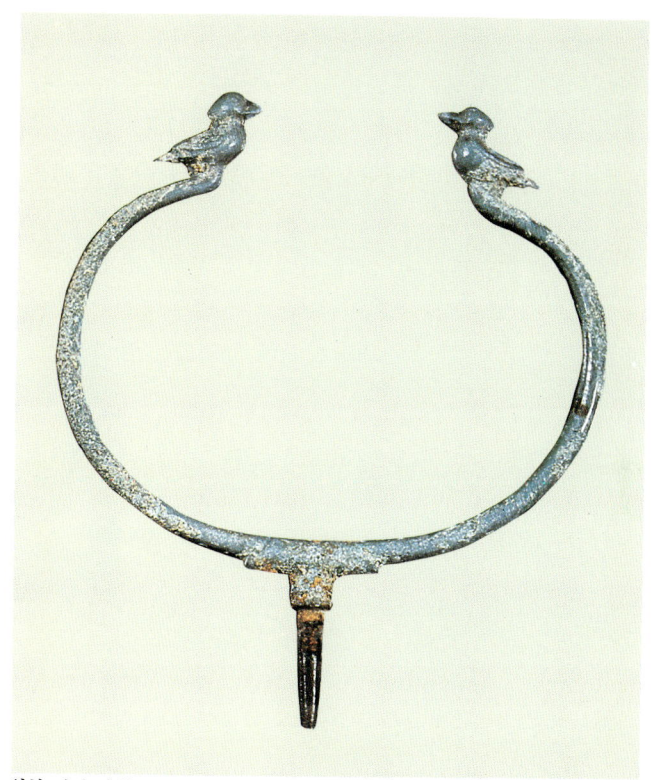

원형 테에 마주 보는 새

과 관계하고 있는 농경신의 사자로서 새에 관한 것이다. 이 그림이
삼한의 소도나 현존하는 솟대와 관계가 있는 것인지는 보다 신중히
생각해야겠지만 중요한 것은 청동기시대의 생산 활동에 있어서
쟁기 농경이 큰 몫을 차지하여 안정되고 정착된 농경 마을이 본격적
으로 나타났을 것이라는 것 그리고 이때에 농업신의 사자로서 새가
기능하고 있다는 사실이다.
　청동제 의기(儀器)로서 솟대의 변형 양식으로 생각할 수 있는

것은 장대투겁이다. 이것은 포탄 형태로서 그 아랫부분에는 원형의 차양이 달려 있으며 머리 부분에는 네 군데에 투창을 설치하고 방울을 넣은 뒤 밑을 막았다. 아랫부분은 무엇에 끼워 장식할 수 있도록 속이 비어 있다. 이런 장대투겁은 결국 장대와 방울의 결합으로 구성되어 있는 신간으로 볼 수 있는데 방울이 흔히 천상과 지상을 그 신령스러운 소리로 연결시키는 주술적인 악기이며 또한 그 때문에 잡귀를 막아 낼 수 있다는 기능을 감안하면 방울은 장대가 지니는 종교적 상징을 강화시켜 주는 수단에 불과함을 알 수 있다.

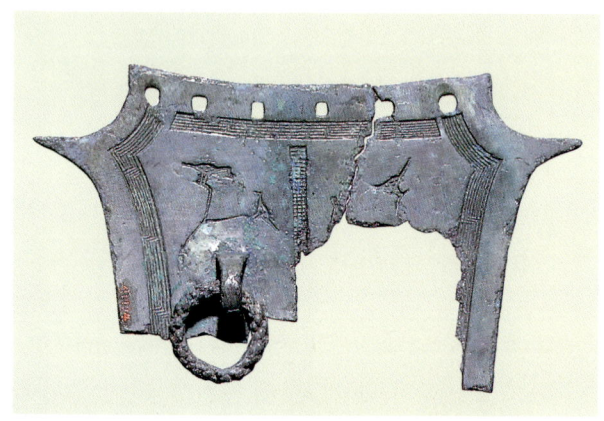

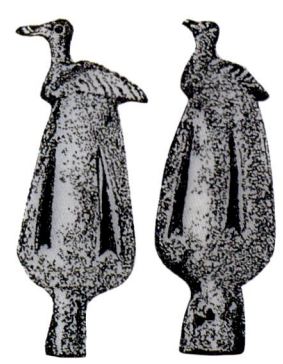

농경문 청동기　국립중앙박물관 소장.(위)
그림1 (아래)

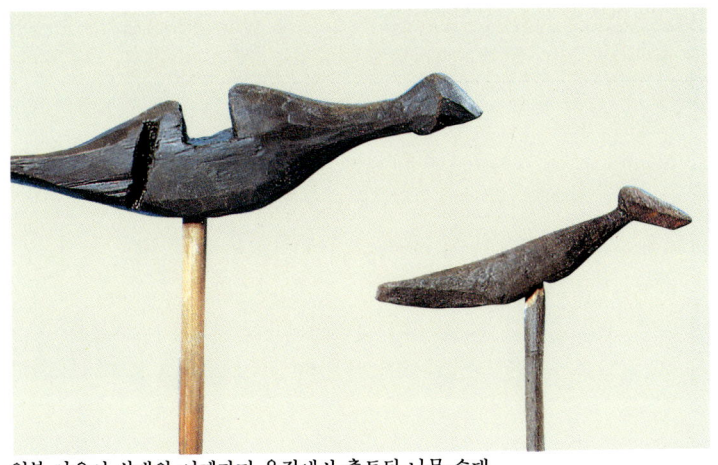

일본 야요이 시대의 이께가미 유적에서 출토된 나무 솟대

신간으로서의 이러한 장대투겁은 그 변이(變異) 양상에 따라서 새가 그 위에 앉혀지기도 한다. 앞서 보았듯이 시베리아 레페티카 산맥 부근의 쿠르간 무덤에서 출토된 청동제 장대투겁은 우리나라 장대투겁 위에다 새만을 덧붙여 앉힌 형태인데 이것은 스키타이의 청동 제품으로서 명백히 장대투겁류의 신간(神竿)과 물새의 결합형으로 보인다. 이때 물새는 '장대투겁을 위에 끼운 신간'의 종교적 의미를 확인하고 강조하며 그 기능을 높이기 위하여 앉혀진 것으로 볼 수 있다. 따라서 우리는 '장대투겁을 위에 끼운 신간'이나 장대에 북과 방울을 단 것 또는 장대에 새만을 한두 마리 앉힌 것이나 모두 실제에 있어서는 우주나무의 변화된 모습으로 이해하는 것이다. 다만 이 가운데 어떤 것은 혈연이나 지역 공동체의 가운데에 우뚝 서서 이른바 마을 기둥으로 역할하는 것이며 한편 어떤 것은 특정 종교 직능자의 의례용 도구로서 쓰여지기도 하였을 것이다.

그런데 솟대에 관한 또 하나 중요한 고고학 자료는 일본 야요이

100쪽 그림

(彌生)시대에 속하는 이께가미 유적에서 출토된 나무로 만든 새이다. 이 새는 모두 여섯 개로 환조(丸彫) 및 판상(板狀)으로 된 것이 각각 세 개씩 나왔는데 그 밑바닥에 구멍이 뚫어져 있어서 원래 어떤 장대에 꽂혀 있었던 흔적을 보여 준다. 더구나 새의 몸통 윗면에는 홈이 파여져 있어서 여기에 판자를 조합시켜 날개를 달았던 것으로 보인다. 따라서 이 새는 장대에 꽂았을 때 하늘로 날아오르는 듯한 형상으로 제작된 것이다. 또한 이 새들은 형태와 크기가 약간씩 다른 것으로 보아 어떤 제의에 있어서 일렬로 세워진 조간(鳥竿)으로 해석되는 것이다.

이상에서 우리는 북아시아의 청동기시대에 나타나는 솟대의 여러 형태에 대하여 간단히 살펴보았다.

그러면 왜 청동기시대에 솟대 신앙의 성립과 전개가 활발히 일어나는가? 이 문제는 아마도 정치 및 종교 이념으로서의 천신 신앙이 청동기시대에 이르러 확립되고 보급된 사실과 관계 있을 것이다.

청동기시대에 들어서 청동기와 그 제조 기술을 소유하고, 농업 생산력을 지니는 유력한 부족들은 그렇지 못한 부족들을 서서히 흡수 병합하여 그들을 피지배 계층으로 하는 최초의 국가들을 탄생시켰다. 이들 지배 부족들은 그들의 정치 및 종교의 이념을 천신 신앙에서 구하고 천신에 대한 의례를 강화하였다. 이들 국가의 창건자는 천신 내지는 천신의 아들로 자처하였고, 마침내 천손족(天孫族)에 대한 신화와 제천 의식은 국가를 정치와 종교적으로 하나로 통합시킬 수 있는 수단으로 쓰여졌다. 이러한 천신 신앙의 확립과 보급으로 천상과의 교류가 활발히 일어나는 상황 속에서 고대의 족장이나 제왕 그리고 샤만들에 의한 우주 여행을 위하여 우주나무로서의 솟대 신앙이 유행되었으리라 추측된다.

예컨대 환웅이 태백산 꼭대기 신단수(神檀樹)를 통해 지상에 내려오는 것과 산의 이미지를 지니는 소도(이것은 땅으로부터 솟아 있는

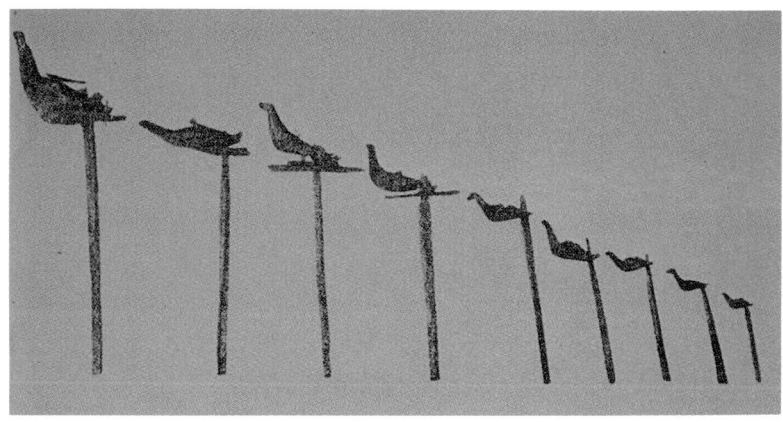

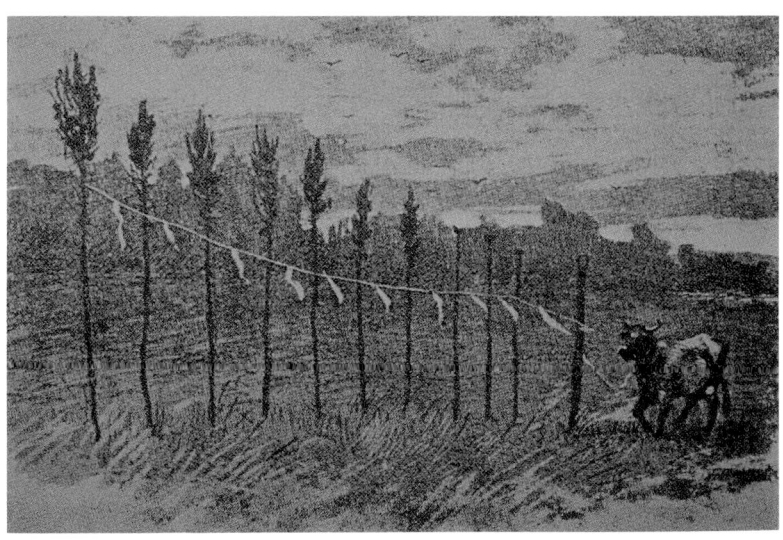

9개의 하늘층을 상징하는 돌간족(Dolgans)의 샤만 솟대(위, 아래)

지역이다)에 나무 장대를 세우고 북과 방울을 다는 것은 천신 신앙과 우주나무라는 관점에서 볼 때 그것이 의미하는 것은 동일하다. 다만 굳이 비교하자면 태백산과 신단수가 자연 그대로의 우주산과 우주나무라면, 소도와 나무 장대는 인위적으로 인간의 정주 공간 안에 만든 우주산과 우주나무라 하겠다. 나뭇가지와 잎이 그대로 있는 신단수보다야 가지와 잎을 친 나무 장대가 시간적으로 나중의 것임은 말할 필요도 없다.

한편 새에 대한 신앙 자체도 청동기시대에 들어서 본격적으로 성립되는 것 같다. 청동기시대 족장들의 권위와 신성을 위해서 새가 천신과 족장 사이의 사자(使者)로 역할하며 족장의 천계로의 상승과 지상으로의 하강에 새가 운반체로서도 기능한다. 이 새가 고대 전제 왕권이 형성되는 시점과 더불어 용(龍)으로 대치되는 것이라 추측되지만, 고대 사료에서 새가 족장이나 왕의 신성과 권위를 위해서 등장하는 것은 쉽게 찾아볼 수 있다.

또한 농경 기술이 발전되고 보다 넓은 지역으로 확산되어서 본격적인 식량 생산 단계로 접어들었을 때 농업신의 필요성은 절실한 신앙상의 문제로 대두되었다. 농업신이 천신이든 유화(柳花)류의 지모신이든 농경의 시작으로서 종자 전래 방법이 설명되어져야 하는데 이때 새는 천신이나 지모신의 사자로서 또한 때로는 천신이나 지모신 스스로가 새로 변신하면서 농업을 전래하고 그 성공을 보장하는 존재로 등장한 것이다.

요컨대 청동기시대의 천신 신앙을 바탕으로 하여 우주 여행을 위한 우주나무와 천신의 사자인 새가 결합되어 솟대 신앙은 성립되는 것으로 보인다.

참고 문헌

김두하, 「두창 장승고」, 『한국민속학』 14, 민속학회, 1981.

──────, 『벅수와 장승』, 집문당, 1990.

김원룡, 「삼국시대 동물형 토기소고」, 『미술자료』 6, 국립박물관, 1970.

──────, 「신라 조형 토기소고」, 『고고미술』 106·107, 한국미술사학회, 1978.

김정배, 「소도의 정치사적 의미」, 『한국 고대국가의 기원과 형성』, 고려대 출판부, 1986.

김태곤, 「장승제의 실상」, 『동방학지』 39, 연세대 동방학연구소, 1983.

김형주, 「부안읍 성안 당산고」, 『향토문화연구』 1, 원광대 향토문화연구소, 1978.

──────, 「부안지방의 석간당산」, 『비교민속학』 2, 비교민속학회, 1986.

──────, 「대벌리 당산제와 제의놀이의 특성」, 『비교민속학』 3, 비교민속학회, 1988.

노종우, 「공주 장승제의 성격에 대하여」, 『곰나루사회』 1, 공주교육대 사회과 교육연구회, 1986.

박순호, 「전북지방의 장승에 대하여」, 『한국민속학』 16, 민속학회, 1983.

──────, 「전북의 솟대고」, 『한국민속학』 18, 민속학회, 1985.

박충열, 「한국 장승의 형상에 대한 연구」, 동아대 교육대학원, 1983.

박호원, 「솟대신앙에 관한 연구」, 한국정신문화연구원 석사학위 논문, 1986.

──────, 「장승·솟대신앙 소고」,『고미술』19, 1988.

방선주, 「고신라의 영혼 및 타계관념」,『합동논문집』, 숭실대· 서울여대·계명대·대전대, 1964.

서영대, 「소도의 종교적 성격」,『문리대학보』19, 서울대 문리대 학생회, 1973.

서재명, 「건국신화에 나타난 새의 의미 연구」, 중앙대 대학원 석사학위 논문, 1985.

손진태, 「소도고」,『조선민족문화의 연구』, 을유문화사, 1948.

신종원, 「당간조영의 문화사적 배경」,『강원사학』3, 강원대 사 학회, 1987.

──────, 「강원도 장승 솟대 제의 두 예」,『용암차문섭박사회갑기 념논총』, 1989.

윤경수, 「삼족오 설화와 문학연구」,『문화연구』1, 부산외국어대 문화연구소, 1985.

이두현, 「고창읍 오거리 당산」,『한국민속학논고』, 학연사, 1984.

이보형, 「신대와 농기」,『한국문화인류학』8, 한국문화인류학회, 1976.

이은창, 「금강유역의 부락제 연구-부락제의 형태와 그 성격을 중심으로」,『장암지헌영선생화갑기념논총』, 대전 제일문 화사, 1971.

이종철, 「장승과 솟대에 관한 고고민속학적 접근 시고」,『윤무병 박사회갑기념논총』, 1982.

──────, 「장승의 기원과 변천 시고」,『이화사학연구』13·14, 1983.

이종철, 「장승제의 신앙체계」, 『삼불김원룡교수정년퇴임기념논총Ⅱ』, 일지사, 1987.

─── 외, 『장승』, '한국기층문화 탐구' 2, 열화당, 1988.

이용범, 「고구려인의 조우삽관에 대하여」, 『동국사학』 4, 동국대 사학회, 1956.

이필영, 「마을공동체의 솟대신앙」, 『손보기박사정년기념고고인류학논총』, 지식산업사, 1988.

───, 「행주형 지세와 솟대」, 『서의필박사회갑기념논총』, 제일출판사, 1988.

───, 「충남의 장승·솟대」, 『충남지방의 장승·솟대신앙』, 국립민속박물관, 1989.

───, 「솟대신앙의 성립에 대해서」, 『두산김택규박사회갑기념문화인류학논총』, 1990.

임병태, 「한국 장승의 조형성에 관한 연구」, 홍익대 대학원 석사학위논문, 1987.

장정룡, 「강릉지방 솟대연구」, 『강원민속학』 5·6, 1988.

정승모, 「조선시대 석장의 건립과 그 사회적 배경」, 『태동고전연구』 10, 1993.

조지훈, 「누석단·신수·당집 신앙 연구」, 『문리논총』 7, 고려대 문리과대학, 1963.

주강현, 『우리 문화의 수수께끼』, 한겨레출판부, 1996.

최진원, 「용두사 당간 설화고」, 『인문과학』 12, 성균관대, 1983.

허회숙, 「소도에 관한 연구」, 『경희사학』 3, 경희대 사학과, 1972.

빛깔있는 책들 101-15

솟대

글	―이필영
사진	―송봉화

발행인	―장세우
발행처	―주식회사 대원사

편집	―황병욱
총무	―김인태, 정문철, 김영원

초판 1쇄 ―1990년 8월 30일 발행
초판 9쇄 ―2009년 7월 20일 발행

주식회사 대원사
우편번호/140-901
서울 용산구 후암동 358-17
전화번호/(02) 757-6717~9
팩시밀리/(02) 775-8043
등록번호/제 3-191호
http://www.daewonsa.co.kr

ⓑ 값 13,000원

ⓒ Daewonsa Publishing Co., Ltd.
Printed in Korea(1990)

ISBN 89-369-0015-3 00380
ISBN 89-369-0000-5(세트)

빛깔있는 책들